AF229142

L'AVENIR

DE LA

TROISIÈME RÉPUBLIQUE

FRANÇAISE

PAR

Lucien BURLET

PARIS

E. DENTU, LIBRAIRE-ÉDITEUR

PALAIS-ROYAL

15-19, Galerie d'Orléans

—

1878

L'AVENIR

DE LA

TROISIÈME RÉPUBLIQUE

FRANÇAISE

PAR

Lucien BURLET

PARIS

E. DENTU, LIBRAIRE-EDITEUR

PALAIS-ROYAL

15-19, Galerie d'Orléans

1878

PRÉFACE

J'avais mis la dernière main à cet écrit, et j'allais le passer au compositeur, avec l'agréable espoir que les lecteurs adopteraient mes conclusions sur les destinées de la République, après avoir suivi, de déduction en déduction, la logique réelle, mais un peu cachée, qui me dirigeait moi-même, quand un ami prudent, à qui j'avais soumis mon travail, vint troubler, par de graves observations, le contentement bien naturel à qui vient de finir son sillon, et m'inspirer des craintes sur le succès.

A son avis, je m'étais trompé partout : dans l'ensemble et dans les détails, le plan était vague, les parties mal assemblées, le raisonnement faible, les exemples peu concluants; en un mot, j'avais produit une ébauche qu'il fallait remettre, pour longtemps encore, sur le chevalet.

Or, je n'avais guère envie de capituler. Comment pouvez-vous, lui dis-je, me conseiller de recommencer, vous qui savez avec quelle conscience, avec quelle crainte respectueuse du public j'ai travaillé? J'ai fait de mon mieux; si je change, c'est pour tout gâter. D'ailleurs, le public est plus indulgent que vous ne pensez; nous l'avons vu souvent tolérer des écrits que ni vous ni moi n'aurions assurément signés. Je sens le prix de vos conseils, mais le temps me manque, on me réclame la copie.

S'il en est ainsi, me répondit-il, je ne vois qu'un moyen d'éviter un échec, immanquable sans cela. — Lequel ? — Je renonce à vous détailler les imperfections sans nombre qui m'ont sauté aux yeux; mais, du moins, promettez-moi de tracer, sous forme de préface, un rapide aperçu de votre sujet, de peur que le lecteur ne s'impatiente à chercher inutilement l'idée-mère dans l'abondance des détails. — Comment l'entendez-vous ? — Voilà.

« Votre division générale en deux corps : l'un de théorie, l'autre d'application, est assez claire, on la verra sans peine, quoique vous ayez oublié de l'énoncer en termes formels. Seulement, le lecteur risque de se perdre dans le labyrinthe d'idées où vous l'introduisez : donnez-lui donc un fil conducteur, dites-lui votre intention de lui montrer, en premier lieu, dans la première et la deuxième partie, la faiblesse inhérente aux républiques ; en second lieu, la force qu'elles trouvent à s'unir à la monarchie ou à l'aristocratie. ce que vous montrerez, en troisième lieu, par l'exemple de la République démocratique et monarchique de Sparte, de la Republique démocratique et aristocratique de Rome, et, enfin, de la Republique, si toutefois on vous passe le mot, ce qui est douteux, de la Republique d'Angleterre, à la fois democratique, aristocratique et monarchique. Dites, en quatrième lieu, que vous exposerez les conditions principales de stabilite pour les démocraties pures : origine légitime, souvenirs honorables, religion, bonnes mœurs, et grands hommes pour fondateurs et continuateurs ; et que vous etayerez votre théorie de l'exemple des États-Unis et de leur fondateur, l'illustre Washington. Quant à la troisième et à la quatrieme partie, il suffira de dire que vous allez y examiner si la troisieme Republique française reunit les conditions des démocraties pures, et étudier, en particulier, le personnage qui se croit appelé à la fonder, M. GAMBETTA »

Effrayé d'une préface qui menaçait d'être aussi longue que le livre, j'interrompis mon ami pour lui demander où il avait pris tout cela ? — Eh ! où donc, sinon dans votre écrit ? — Mais, ce que vous avez si heureusement decouvert, ne peut-on pas laisser au public le plaisir de le découvrir à son tour ? Ne l'offenserai-je pas en paraissant douter de sa perspicacité ? — Craignez plutôt que, après un moment d'étude fatigante, on ne jette le livre, en disant que le profit ne paye pas le travail. — Si cependant..... — Si cependant je me trompe, voulez-vous dire ? Eh bien ! prenez vos précautions contre moi, contez tout au long mes scrupules, et, si le public se fâche, lavez-vous les mains et rejettez tout le tort sur moi seul. Après tout, chacun doit repondre de ses conseils ; mais, s'il m'approuve, j'aurai droit à partager l'honneur du succès.

Là-dessus, il me quitta, peu satisfait de ma docilité, comme il arrive d'ordinaire à ceux qui donnent des conseils utiles, mais desagréables. Et moi, tout en pestant contre sa sévérité, j'ai profité de son idée, et raconté tout au long notre entretien.

Jugez-nous, cher lecteur, lisez mon œuvre, et dites si les précautions de mon ami etaient aussi nécessaires qu'il le prétendait. Je suis impatient de savoir ce que vous en pensez.

L'AVENIR

DE LA RÉPUBLIQUE

I — PRINCIPE

L'avenir ! Dieu le voit tout entier d'un coup d'œil ; tandis que l'homme le calcule avec peine en étudiant le présent et le passé.

Pourquoi l'esprit n'a-t-il pas son télescope comme les yeux ? Ce serait le moment de s'en servir. Le triomphe des républicains est complet : sera-t-il durable ? Tous ont intérêt à le savoir : les nouvelles couches, pour se modérer dans la victoire, si elle est définitive ; les conservateurs opprimés, pour reprendre cœur, si elle n'est que passagère ; ou pour se résigner à la République, et l'affermir en l'épurant, si toutefois elle a passé bail pour des siècles avec la France.

Mais on peut le **savoir**. Le passé fait l'avenir à son image, comme le principe **engendre sa** conséquence, et la cause son effet. Il n'y a rien de nouveau sous le soleil. Pour qui sait lire, les historiens sont aussi des prophètes. Bien que toutes les œuvres de l'homme, depuis sa naissance, ne soient pas décrites, nous en savons assez pour pouvoir dire aux générations futures ce qu'elles seront, sauf les dates et les noms propres.

Le grand art de gouverner n'est pas comme les arts d'imagination dont l'idéal est presque sans limites, ni surtout comme les sciences naturelles, qui nous font tous les jours des surprises. Il a dit son dernier mot et ne saurait plus que se répéter. Il n'y a pas une combinaison politique, pas un système de contre-poids, d'équilibre, de garantie, qui n'ait été connu de nos pères et mis plusieurs fois à l'épreuve.

Et cependant, est-ce ignorance ou charlatanisme ? On s'obstine à représenter la forme républicaine comme une découverte réservée à la maturité de l'espèce humaine. C'est le dernier terme du progrès, c'est la pierre philosophale, c'est la panacée universelle. A-t-on repétri l'homme d'un limon plus pur ? L'âge d'or va-t-il renaître ? Encore un effort, et l'on supprimera les maladies et la mort, — sauf peut-être pour de nouveaux ôtages.

La théorie de la république est attrayante, j'en conviens. Elle décèle, chez ceux qui l'adoptent sans arrière-pensée d'intérêt, de la droiture, de la bienveillance, du dévouement, une haute estime pour les vertus de l'humanité, avec une ignorance non moindre, hélas ! de ses défauts, et quelque pente vers l'enthousiasme et l'illusion : ce qui explique pourquoi elle séduit surtout la jeunesse. Le progrès de l'âge et de la raison amène le désenchantement, et souvent l'ardente conviction des premières années fait place, dans l'homme mûr, à l'habile exploitation de la ferveur naïve des autres.

Mais quand on a la vue courte et le cœur chaud, quelle conception que celle d'une société sans privilégiés, où tous sont égaux devant la loi encore plus que devant la nature : car la nature s'obstine, un républicain ne comprendra jamais pourquoi, à se choisir des favoris parmi ses enfants. Quelle admiration que les comices d'un peuple sérieux et sincère, à la recherche des hommes de savoir et de vertu qui doivent diriger l'État ; tandis que les élus du suffrage fuient les honneurs, parce qu'ils redoutent les devoirs : tant le mérite est modeste en République. C'est là surtout que les violettes se cachent sous l'herbe.

Mais aussi, qui dira les graves délibérations d'une assemblée élue sans autre vue que le bien public ? Et la politesse des discussions, et la sagesse des décisions ? Pas n'est besoin d'une sonnette pour ramener à l'ordre les interrupteurs. Une pareille Chambre serait le plus bel ornement de la France ; et, dans ces pacifiques visites que les nations aiment à se rendre mutuellement aujourd'hui, une séance du Corps législatif serait, pour les étrangers, une édifiante Exposition.

Qui sait même si quelqu'un, des plus purs, ou des plus ingénus, ou des plus habiles, ne va pas s'exclamer ici : A quoi bon des législateurs et des lois ? Chacun est pour soi le meilleur législateur et la conscience la meilleure des lois.

Et ces budgets qui s'entêtent à grossir depuis qu'on parle de les réduire. A quoi servent-ils qu'à nourrir des juges, des gendarmes et des soldats ? Décrétons la vertu, inscrivons plus que jamais sur les bâtiments publics la grande devise : liberté, égalité, fraternité, ce code complet en trois mots : et, le peuple une fois bien instruit de ses devoirs et de ses droits, on fermera sans danger les tribunaux, les prisons et les casernes. Nos voisins respecteront nos frontières dégarnies, ils dégarniront les leurs quand ils verront la furie française changée en humeur pacifique; et nous rendrons alors à la charrue et aux métiers tant de milliers de bras qui s'énervent dans l'oisiveté des garnisons.

Est-il même utile de conserver un chef suprême de la nation? C'est peut-être ici le cas d'une bonne économie? Les services répondent-ils à l'énormité du traitement ? Un seul président ne suffit-il pas pour la Chambre et pour la France ?

La majorité, reconnaissons-le, par un regret sans doute inconscient des splendeurs royales. tient encore à l'éclat, au bruit, aux fêtes. Elle maintiendrait avec plaisir un gérant de la vanité nationale, chargé de faire aux illustres étrangers les honneurs de Paris et de Versailles : à condition, toutefois, qu'il ne toucherait pas aux affaires, qu'il ne se prendrait pas au sérieux, et ne convertirait pas en dangereuses réalités ses belles apparences. On se prémunirait, d'ailleurs, contre le tournoiement d'une tête si haut placée, en exigeant du président, le jour de son installation, la promesse authentique, et signée de sa main, de se soumettre ou de se démettre au premier désaveu de la Chambre souveraine.

En atténuant ainsi le pouvoir, on arriverait à l'utopie de Proudhon, l'An-archie, sans exemple dans l'histoire, comme l'extrême opposé, l'absolutisme.

Proudhon lui-même ne croyait pas un mot de son utopie. C'était une machine de guerre, dressée contre la société qui avait méconnu sa valeur. Bien qu'irréalisable, elle est dans la théorie républicaine comme un idéal qu'on a sous les yeux, quand on élabore une Constitution. Nous en avons eu récemment la preuve. M. de Marcère laissait échapper le secret du parti, dans un dîner public, avec la franchise qui dénoue les langues entre la poire et le fromage, quand il conseillait au gouvernement de moins gouverner et de réduire son action au minimum.

Or, si nous quittons les rêves et le roman pour entrer dans la réalité des choses, en nous plaçant au pied de l'échelle qui va de l'anarchie à l'absolutisme, on s'aperçoit, tout d'abord, que la force et la durée sont en haut, la faiblesse et l'instabilité en bas; et que la monarchie s'affaiblit quand elle se met à descendre, au lieu que la république s'assure en montant.

Y a-t-il un juste milieu où l'énergie monarchique, infusée dans une nation, neutralise les principes dissolvants de l'idée républicaine et fonde un gouvernement pour l'éternité? Je l'ignore : le passé ne le dit pas Je vois seulement que, plus il y a d'étails monarchiques autour d'un édifice républicain, plus il est solide et sûr de l'avenir.

Le point le plus éloigné de leurs bases, où les deux systèmes se soient rencontrés, est la monarchie républicaine. Les anciens, qui ont tout osé, nous ont montré, sous la même constitution, des rois héréditaires, unis, durant des siècles, sans intermédiaire aristocratique, à un corps de citoyens égaux et libres. Nous qui nous payons volontiers de mots, nous appellerions cela une monarchie; les Grecs, plus attentifs aux choses, disaient : la république de Sparte.

Le roi n'y était pas le pivot de l'État; il ne donnait pas le branle aux affaires; il n'aurait jamais songé à dire . l'État, c'est moi. Rien ne se rapportait à lui. Les trois cents qui furent tués aux Thermopyles ne moururent pas pour Léonidas, en criant : vive le roi. Ils moururent pour la patrie et pour la gloire. Le roi, ou plutôt les rois, car, par une bizarrerie qu'on ne retrouve pas ailleurs, il y avait deux rois à Sparte, deux rois issus de la même souche, dont deux branches collatérales ont donné des rejetons, en ligne directe, pendant plus de mille ans : les rois, dis-je, étaient les mandataires du peuple, les premiers de la cité, responsables de leurs actes, au même titre, ou même plus rigoureusement que les autres citoyens.

Le Sénat discutait les lois, décidait la guerre ou la paix : c'était la tête ; les rois exécutaient : c'étaient les bras ; et l'on pourrait dire que les éphores, chargés de tout surveiller, et particulièrement les agissements des rois, avec le droit exorbitant de les mettre en accusation et de les emprisonner, étaient comme les yeux de la république.

Et c'était bien, en effet, une république, une république démocratique, car toutes les charges venaient de l'élection populaire : le Sénat, avec un mandat à vie; les éphores, avec un mandat annuel ; et, de plus, de toutes les sentences, même de celles des plus hauts magistrats, il y avait appel devant l'assemblée du peuple.

Croirait-on, si des documents authentiques n'étaient là pour l'attester, qu'un tel miracle d'équilibre ait pu durer ! Il a pourtant duré huit cents ans; et, dans ce long espace de temps, les éphores furent si modérés, ou les rois si sages, que l'on usa seulement deux fois du droit d'emprisonnement : et Dieu sait pour quels griefs ! La seconde fois, ce fut parce que l'un des deux rois avait pris, sans consulter son parlement, une femme dont la taille exiguë ne promettait pas à Hercule, souche de la lignée royale, des héritiers dignes de lui.

L'équilibre fut à la fin rompu par un des rois, qui supprima les éphores. On s'aperçut alors que leur résistance était un appui. La royauté, sans contre-poids, devint absolue, pour son malheur et celui du pays : car, peu de temps après, il ne restait plus de l'œuvre de Lycurgue qu'une page intéressante d'histoire.

Il n'est pas douteux que la royauté fut, chez les Spartiates, la pierre angulaire de la constitution. Le rang suprême étant hors de concours, les ambitieux, qui ébranlent volontiers et renversent l'édifice pour s'élever sur ses ruines, s'agitaient sans péril dans les rang inférieurs, où leur activité, contenue dans de sages limites, devenait une rivalité de services qui tournait au bien de tous.

Hâtons-nous d'ajouter que cette infusion monarchique n'est pas un spécifique infaillible contre les révolutions. Nous l'avons prise, par trois fois, à différentes doses, depuis quatre-vingts ans, et le mal est resté incurable ; et par un caprice du destin, la royauté, envahissante à Lacédémone, s'est laissée quatre fois expulser de chez nous.

Nous avons fait comme le chien de la fable : nous tenions la proie, nous avons voulu avoir aussi l'ombre. Qu'on ne me trouve pas trop osé si j'assure qu'en y regardant de près, il est impossible de voir une différence entre une vraie et bonne république et les trois périodes de monarchie parlementaire qui se sont succédées en France de 1815 à 1850. Il n'y a plus d'assemblées populaires pour examiner l'ensemble et le détail des affaires publiques, ni pour réformer les sentences des Cours de justice : l'étendue de la France ne le permet pas. Nous ne sommes plus au temps où le territoire des républiques était circonscrit aux banlieues des cités, et où les conseils des nations n'étaient que des conseils municipaux. A part cela, le peuple est maître souverain et juge sans appel par ses mandataires directs de la Chambre basse.

Les députes ne font-ils pas les lois, ne surveillent-ils pas l'administration, ne décident-ils pas la guerre et la paix ? Les chartes avaient beau dire qu'ils doivent s'entendre avec les pairs ou sénateurs, que le roi commande les armées de terre et de mer : pas un sabre ne sort du fourreau sans subsides ; or, c'est la chambre populaire qui les vote, et ce seul droit de desserrer ou de resserrer les cordons de la bourse fait plier devant elle toute résistance, et met les plus forts et les plus fiers à sa merci.

M. Gambetta l'a bien vu : il a usé de son droit en factieux, car le droit, poussé trop loin, confine à l'injustice Un maréchal, un président de la France a fléchi devant lui. Dans son humiliation il a tout perdu : le prestige et la réalité. Dieu veuille, quand on aura écarté les rideaux, qu'on puisse dire un jour : fors l'honneur.

Le système est-il donc épuisé, qu'il échoue si misérablement de notre temps, après avoir si bien réussi jadis ? Non, sans doute ; mais il faut reconnaître que les garanties politiques ne sont rien sans les mœurs, c'est-à-dire sans le respect des contractants. Nos chartes gardaient sans doute beaucoup de vague et d'obscurité sous leur clarté et leur précision apparentes, puisque les intéressés y trouvaient des sens opposés. Le roi lisait des garanties de puissance dans les mêmes textes où la Chambre ne voyait qu'une liste civile et des honneurs. Le roi n'était, pour elle, qu'un fonctionnaire d'ordre supérieur, et elle voyait, dans sa signature apposée au bas des instruments publics, une simple formalité, de même que le coin marqué sur la monnaie en facilite la circulation, sans être pour rien dans sa valeur intrinsèque.

Avouons que la situation des rois de 1815 et de 1830 n'était guère agréable Un homme intelligent, un homme de cœur ne pouvait s'y résigner sans peine. Ils trouvaient, dans l'histoire de leurs aieux, des souvenirs d'indépendance et de pouvoir presque absolu ; et eux, ils n'obtenaient rien de haute lutte : tout par influence, détour, insinuation. Pour nommer un garde champêtre, il leur fallait le contre-seing d'un ministre, plus maître qu'eux, malgré la profondeur de ses respects. Ils avaient beau se débattre dans leurs liens, et dissoudre les Chambres récalcitrantes, les électeurs, complices de leurs mandataires, leur renvoyaient les mêmes députés, plus exigeants par le succès, presque factieux.

Cela ne pouvait pas durer, cela n'a pas duré. Il est inutile de recommencer l'expérience dans ces conditions impossibles, où, comme en 1830, on ne pratique la Charte que pour y étouffer le roi.

Comment donc a-t-elle si bien réussi en Angleterre ? Après les convulsions de 1649, la monarchie républicaine s'y est solidement enracinée. Ni les divisions des wighs et des torys, ni les guerres étrangères, ni la contagion de 93, ni le blocus continental, ni l'accroissement corrupteur des richesses par la conquête des Indes, par le commerce et l'industrie, rien ne l'a fait pencher vers la démocratie pure. Sa première sève est encore dans sa vigueur, et rien n'en fait prévoir l'épuisement.

Les raisons ne manquent pas. Nous, les plus modestes des hommes, quoiqu'on nous fasse une réputation de vanité, nous expliquons cela par la supériorité manifeste du caractère anglais sur le nôtre.

Assurément, la nature a bien doué les Anglais Ils ont du bon sens, de la gravité, de la dignité même. La prudence est peut-être leur première qualité. Ils n'entreprennent rien sans de longues réflexions, sans un calcul rigoureux des chances. On peut les blâmer sévèrement s'ils font des fautes, parce qu'ils ne cèdent guère au premier mouvement. Ajoutons qu'ils ont tout le mérite de leurs actes quand ils sont bons; tandis que nous, plus sensibles à un trait d'éloquence qu'à une bonne raison, nous méritons moins d'éloges dans le bien, et aussi moins de blâme quand nous faisons le mal.

Dans les arts de l'esprit, ils tiennent un bon rang : leurs écrivains se distinguent par l'originalité et la profondeur, plus, il est vrai, que par la délicatesse et le goût. Plusieurs grands noms de poetes, d'orateurs, de philosophes et d'historiens sont anglais. Néanmoins, les sciences exactes et naturelles vont mieux à leur esprit positif que les arts d'imagination : ils ont beaucoup plus d'astronomes, de chimistes et de mécaniciens que de sculpteurs, de peintres et surtout de musiciens. En toutes choses, ils tiennent à être solides, il faut bien ajouter plus qu'à être aimables.

Quand on les voit chez eux, les devoirs de l'hospitalité leur font faire des efforts pour paraître gracieux et polis. Mais hors de leur île, sur le continent, ils montrent plus volontiers leurs défauts que leurs qualités. Leur dignité devient roideur et morgue ; ils sont fiers jusqu'à l'arrogance, froids jusqu'au dédain ; originaux et bizarres, ils font un sot étalage de richesse, et affectent de mépriser tout ce qui n'est pas Anglais.

Pour résumer, ils ont assez de puissance pour qu'on les craigne, assez de qualités sérieuses pour qu'on les estime, trop de travers et d'égoisme pour qu'on les aime.

Au point de vue politique où je me suis placé, cela n'explique pas grand'chose. Reconnaissons donc que, malgré leur esprit d'indépendance, ils savent obéir à la loi, et que leur froideur, réelle ou affectée, ne les empêche pas d'aimer leurs souverains. Ce n'est plus même de l'amour pour Victoria, c'est un culte ; et jamais reine d'Angleterre ne l'a mieux mérité et n'a offert à ses sujets un meilleur modèle des vertus de son sexe et de son rang.

Mais quels correctifs on trouve dans leur histoire à ces éloges ! Combien de fois leur obéissance est devenue mutinerie sous des gouvernements faibles ! Ils aiment leurs rois, et cependant la tête de Charles Ier est tombée sous la hache avant celle de Louis XVI, et Jacques II a montré le chemin de l'exil à Charles X. Leurs exemples sont pour beaucoup dans nos fautes.

Ils rappellent souvent le sang et les horreurs de 93 : sans doute pour faire oublier leurs guerres des Deux-Roses qui devraient, selon Voltaire, être écrites par le bourreau, et ces massacres d'Irlande dont Cromwell se vantait devant sa Chambre : « J'ai porté en Irlande, disait-il, l'enfer et l'extermination » et, enfin, l'implacable oppression des catholiques. Ils ont une haine froide, une rancune séculaire qui est le plus mauvais trait de leur caractère national.

Bien que je n'aie pas établi de comparaison d'eux à nous, on le voit, ce n'est pas de leur meilleur naturel que vient la différence de nos situations politiques ; pour ne citer que ce trait, nous avons fait nos preuves de constance en vivant sans révolution sous la monarchie durant quatorze cents ans.

Si l'Angleterre a quelque supériorité, si sa forme de gouvernement est fixée, c'est qu'elle a une noblesse, une vraie noblesse. Des administrateurs, des généraux, des orateurs et des savants, nous en avons autant et plus qu'elle ; elle a, de plus que nous, une aristocratie, le vrai nœud de sa Constitution.

Nous avons beaucoup de préjugés, en France, contre l'aristocratie. L'égalité est notre fantaisie, non par envie, cela va sans dire, mais par pur amour de la justice. Nous voudrions établir partout une certaine uniformité que la nature, peu sage, ne connaît pas dans ses œuvres.

J'avoue sans peine qu'il est fâcheux de voir la richesse et les honneurs hanter les châteaux, quand le talent et la vertu se résignent si souvent à visiter les chaumières. N'est-il pas clair que tous les citoyens ont droit à servir la patrie de leur mieux, comme la patrie a droit aux meilleurs services, et que ses faveurs doivent aller aux mieux méritants et non aux mieux nés ! Qui peut contester cela ? C'est la raison même.

Cependant, le privilége ne reste pas sans défense : il a l'histoire pour lui. Or, l'autorité de l'histoire est grande. Il faut bien la croire quand elle assure que les constitutions aristocratiques sont les plus durables. Appui naturel des monarchies, l'aristocratie ne se refuse pas aux républiques; elle résume des principes qui font la stabilité des États et qui défient les révolutions.

C'est ce que l'on voit dans l'Angleterre, le pays du monde où l'on allie le mieux l'autorité et la liberté, le mouvement et le calme. A la surface, une activité presque fiévreuse; au fond, une solidité presqu'immobile. Rien n'y change : ou mieux, la transition est si bien ménagée qu'on la remarque à peine. Les lois se réforment, les abus se corrigent, on répare les injustices avec lenteur, sans secousse et sans troubler les intérêts.

Or, ce n'est pas au parlement que l'aristocratie est le plus utile, bien que son action y soit le plus visible. La Chambre des communes consent à se laisser modérer, elle ne se laisserait pas mener. Elle est la force vive de la nation, ou plutôt la nation-même: elle ne l'ignore pas, c'est le secret de sa confiance. Les lords le savent aussi, c'est le secret de leur prudence.

Mais si la noblesse fléchit parfois au Parlement, elle est toute puissante sur la nation, dont elle forme l'esprit et les habitudes à son image.

Les villes mêmes et les centres d'ouvriers, en dehors de ses domaines, subissent, malgré la démagogie qui y fermente, sa bienfaisante influence, puisque c'est au premier principe de sa constitution, aux testaments libres, que les grandes maisons de

commerce et d'industrie doivent de durer si longtemps, sous le
même nom, sans faillir et sans liquider, au grand intérêt de
tous.

Quelque part que l'on aille, on la reconnaît dans ce peuple
sérieux, qui ne se presse pas de jouir, parce qu'il a de la vie devant lui, et surtout dans le soin de prolonger le passé jusque
dans le présent. Les familles ont pris racine dans le sol : celles des landlords, dont les plus grands remontent à la conquête
normande et ont leurs noms inscrits au domesday-book, et celles des tenanciers, qui se sont fait comme une noblesse de fidé-
lité envers leurs maîtres.

La subordination des rangs se maintient par une ligne de dé-
marcation presque impossible à franchir, par la différence de
ton, de manières, de langage, par le luxe des habits et des équipages; et, enfin, par le respect traditionnel dans des races de
serviteurs aussi anciennes que celles de leurs maîtres.

Tandis qu'en France l'ancien château n'est plus qu'une ruine
déserte, mélancolique ornement du paysage, on trouve debout
en Angleterre tous les types de l'architecture nationale, depuis
l'heptarchie saxone. Le voyageur aime à voir ces fossés pro-
fonds, ces machicoulis, ces créneaux et ces tours, dont l'aspect
encore menaçant rend la sécurité actuelle plus chère, en rap-
pelant les guerres journalières du moyen âge. A l'intérieur, où
le soleil moderne ose quelquefois à peine entrer, sont appen-
dues, dans de longues galeries boisées, des générations de portraits, le titre le plus authentique de propriété, quand l'héritier vivant se fait reconnaître pour légitime, à sa ressemblance
avec son vingtième aïeul.

Dans ces vieux donjons, sous ces vieilles allées de chênes,
que le vent et la foudre ont seuls droit d'abattre, les vieilles
lois et les vieilles mœurs sont à l'aise. Je ne dis pas qu'il n'y
ait rien de suranné dans des coutumes et des règlements qui
viennent d'Alfred le Grand ou d'Edouard le Confesseur. Ce sont
les seules rides que les siècles aient marquées au front de l'Angleterre; c'est la date de sa vieillesse : vieillesse chenue, mais
verte, qui sera encore debout quand le monde aura oublié ces
lignées de républiques qui poussent et qui passent avec la végé-
tation hâtive des champignons.

La force et le bonheur de l'aristocratie anglaise, c'est que ses
intérêts sont les intérêts de la nation. Elle garde la tradition.
Les hommes de progrès disent : la routine. Heureuse routine

qui lui laisse ignorer les bouleversements d'États et les ruines de familles !

Ne disais-je pas tout à l'heure que plus une république a d'étais monarchiques, plus elle est solide ?

Je dois prévoir ici de grandes objections. Les puristes, en fait de république, vont dire que mes exemples sont mal choisis, et ne prouvent rien ; que république et royauté s'excluent ; que la république fait des hommes libres, la royauté des esclaves ; que les républicains sont les ennemis des rois, etc., etc., etc. Que répondre à cela ?

D'abord, que ce fier langage n'abuse personne.

On a vu les républicains à l'œuvre : on sait que leurs farouches vertus s'humanisent à l'occasion. Ce qui en restait après 93 essuya promptement le sang qui tachait ses mains et ses lèvres, pour figurer décemment dans les salons de l'empereur. Les derniers survivants tenaient encore honorablement leur place dans les antichambres de Louis-Philippe, après avoir passé, sans trop de répugnance, par celles de Louis XVIII et de Charles X.

La génération de 1848 ne se montra pas plus dédaigneuse que son aînée : convertie à son tour par le coup d'État de 52, elle courut à la curée des rubans et des places, et, sauf quelques exceptions, se mit aux gages de Napoléon III.

Cela est trop récent pour qu'il soit utile de citer des noms propres, tout le monde les connaît, sauf ceux que M. Gambetta garde en portefeuille.

Faisons néanmoins une concession. Prenons une république authentique où l'on trouve le nom et la chose. Et laquelle ? Sinon celle qui a fourni des citations et des exemples à toutes les harangues, et des prénoms aux nouveaux-nés sous la Terreur ; la république romaine, la république de Brutus et de Cassius, vengeurs de la liberté ; de Cincinnatus, général et laboureur, armé tour à tour du coutre et de l'épée ; la république de Clélie, modèle des jeunes filles ; de Lucrece, la fleur des épouses ; hélas ! et aussi, car le vice et la vertu y trouvent des autorités, la république des Gracques et de Catilina, instigateurs d'émeutes ; la république de Marius et de Sylla, précurseurs des terroristes ; et même la république de César, pour ceux dont le poignard aime à se teindre d'un sang impur.

Eh bien ! Cette république ne s'est pas passée d'étais monarchiques ; et, quand ils sont tombés, elle est tombée avec eux.

Rome n'a pas toujours été la démagogie des derniers temps.
Ce sont les rois qui l'ont fondée, les nobles qui l'ont affran-
chie : car Brutus et Collatin étaient de l'aristocratie ; le Sénat
l'a agrandie et fortifiée, mais ce sont les démagogues qui l'ont
renversée ; et il a fallu de nouveau des rois, sous le nom d'em-
pereurs, pour l'arracher aux mains de ces furieux et la relever
des ruines qu'ils lui avaient faites.

L'intérêt particulier de l'histoire romaine, c'est qu'on y suit
pas à pas, et sur le vif, comme dans les leçons de chirurgie, les
ravages du virus démocratique, au fur et à mesure de son ino-
culation ; car les patriciens de Rome ne perdirent pas tout d'un
coup leurs priviléges, comme ceux de France, dans la nuit du
4 août 1789. Il fallut, pour les abattre, une lutte intestine de
quatre cents ans, sans trêve de la part du peuple, sans défail-
fance de la leur. Une à une on leur prit toutes les dignités qui
laisaient leur apanage.

Mais aussi, quand on leur eut tout pris, qu'on les eut mis au
niveau de la plèbe, le triomphe de leurs adversaires parut ce
qu'il était : une défaite désastreuse pour la république. Tout
tomba avec eux. La dissolution alla si vite, les convulsions furent si violentes, que les Romains, abdiquant le tribunat, le
consulat et la dictature si chèrement achetés, si longtemps dis-
putés aux sénateurs, abandonnèrent tout à Octave, à perpétuité,
sans rien se réserver que la vie sauve, et se réfugièrent sous la
tyrannie d'un seul, dernier asile des peuples qui ont abusé de
la liberté.

Ces exemples suffisent ; il serait aisé de les multiplier. A
quoi bon ! La démocratie n'a qu'à gagner à son alliance avec
un principe supérieur, aristocratique ou monarchique, cela est
évident.

Cependant la démocratie pure n'est point une chimère :
elle figure glorieusement dans le passé, et, de notre temps, la
grande république américaine tient un bon rang parmi les
gouvernements qui ont de l'avenir. Ce sont là des faits à étudier. Puisque la France semble renoncer au principe qui a fait
sa force et sa gloire, il est bon de voir si la route qu'elle
prend est aussi sûre pour elle que pour d'autres.

Je remarque, avant tout, que l'origine des républiques d'A-
thènes, de Rome, de Suisse et d'Amérique, est suffisamment
légitime. Tarquin, Hippias et Gessler étaient d'abominables
tyrans ; et quant à l'Angleterre, qui s'était montrée si jalouse

de ses droits sous Jacques Ier, Charles Ier et Jacques II, en violant ceux de ses colonies par des contributions exagérées, on peut dire qu'elle les invitait à la révolte. L'ère de la république est donc, pour ces divers pays, une ère de bonheur : rien n'en ternit la mémoire, le sang versé est un sang étranger.

Sans doute, il ne faudrait pas regarder de trop près aux motifs des libérateurs. Harmodius et Aristogiton, à Athènes; Brutus et Collatin, à Rome; Guillaume Tell et Arnold de Melchtal, en Suisse, auraient patienté si la tyrannie les avait épargnés. Il s'est rencontré qu'en vengeant leur injure, ils ont affranchi leur pays; et leurs noms figureront à jamais, avec l'auréole des héros, dans ces légendes que l'on croit sans les discuter.

Il faut des grands hommes au peuple. Les philosophes peuvent critiquer la valeur d'une constitution, et choisir sur bonnes raisons : le peuple en est incapable; les idées abstraites ont besoin de prendre corps pour pénétrer jusqu'à lui. Aussi, quand il rencontre un vrai grand homme, grand par le génie et par la vertu, sa gloire est comme une consécration du pays qui l'a nourri. On est fier d'être son concitoyen, on s'en vante auprès des étrangers, on en aime mieux la patrie, on en est plus fidèle aux lois et plus ferme contre les tentatives de changement.

La monarchie même, bien qu'appuyée sur un meilleur principe, ne saurait se passer d'hommes illustres. Ce n'est pas Pharamond, c'est Clovis qui a fondé la France; le grand nom de Charlemagne l'a empêchée, sous ses indignes successeurs, de se dissoudre dans les divisions de la féodalité; le nom plus grand encore de Saint Louis a protégé son retour à l'unité; enfin, la popularité de Henri IV a gardé l'enfance de Louis XIV et préparé son grand règne, mieux que les habiletés de Mazarin; et, sans les hontes de Louis XV, elle aurait sauvé Louis XVI.

A plus forte raison, l'édifice démocratique, dont les assises sont juxtaposées plutôt qu'elles ne sont unies, doit-il s'étayer de ces grandes mémoires, dressées çà et là dans le passé, comme des colonnes. Athènes et Rome furent particulièrement heureuses sous ce rapport. Rome, mieux constituée, s'est montrée, de leur vivant, reconnaissante envers ses meilleurs citoyens : ils ont presque tous joui de leur gloire. Ceux d'Athènes, au contraire, l'ont presque tous payée cher : Miltiade, Thémistocle, Aristide par l'exil ; Socrate et Phocion par la ciguë.

C'est que ce peuple de démocrates avait conscience de sa faiblesse ; il voyait une menace dans tout ce qui dépassait le niveau ; le mérite, à ses yeux, était un titre de haine, et l'ingratitude presque une vertu. Après leur mort, le danger passé, on leur prodiguait les tombeaux de marbre, les statues et les couronnes ; leurs exploits et leur gloire entraient dans le domaine public, et les Athéniens étaient peut-être le peuple le plus jaloux de cet héritage national.

II — L'AMÉRIQUE & WASHINGTON

De toutes les républiques du présent ou du passé, la plus heureuse est, sans contredit, celle des États-Unis. Dès son origine, au dedans et au dehors, les circonstances l'ont favorisée. Une fois sa guerre d'indépendance terminée, elle n'avait plus d'ennemis : rien à craindre, par conséquent, de la discipline militaire, si menaçante de tout temps pour les gouvernements démocratiques ; ni de la gloire, cette vieille ennemie de l'égalité. Sauf les germes de corruption inhérents à la nature humaine, rien ne faisait prévoir sa dissolution, même pour un temps éloigné. C'est là que nous trouverons les comparaisons les plus concluantes pour nous.

La république française vient à peine d'éclore ; celle d'Amérique est encore dans la fleur de la jeunesse. Sa belle venue nous charme, son bonheur nous tente. Pouvons-nous l'espérer ? Il faut pourtant réfléchir que le Nouveau-Monde a poussé plus d'un avorton, à côté de ce beau surgeon républicain. Si nous venions à prévoir pour la France le sort du Mexique, du Pérou, du Paraguay ou du Chili, il en est encore temps. Nous avons assez instruit le monde par nos fautes, laissons à d'autres le soin de compléter cette instruction, s'il en est besoin, par une faute de plus.

Et, d'abord, quel admirable champ pour une expérience des théories démocratiques ! la mer d'un côté, le désert de l'autre ; une terre neuve, fertile, qui donne au premier coup de charrue, tous les grains et tous les fruits ; de nombreux troupeaux dans es campagnes, du gibier dans les bois ; des poissons de toute sorte dans les eaux : par conséquent la vie facile et assurée ; dans le sein des montagnes, des mines d'or, de cuivre et de houille, et des réservoirs inépuisables de pétrole, pour les besoins futurs du commerce et de l'industrie.

Point de guerre à prévoir, sinon avec les Indiens : guerre facile à éviter, si l'on cherchait à s gagner au lieu de les aigrir.

Quelle œuvre que d'élever à la civilisation chrétienne les peuplades sauvages ! Comment n'a-t-elle pas tenté les Américains ? En mettant à part la conscience du devoir accompli, leurs soins auraient été bien reçus, bien payés. Attirés par la douceur, les Indiens auraient accepté la paix, cultivé la terre et fait avec le temps d'utiles citoyens. Ils auraient bien toujours valu ces vagabonds émigrants, l'écume de l'Europe, qui ont payé l'hospitalité des Américains en leur inoculant les erreurs et les vices du vieux monde.

L'avenir a trompé les prévisions des premiers temps : de grandes guerre sont venues. Au dehors avec l'Angleterre, l'Espagne et le Mexique ; à l'intérieur même, la terrible guerre de sécession, du Nord contre le Sud. Avais-je tort de parler des prétentions de la gloire ? Les généraux vainqueurs, Adams, Monroe, Jackson, Grant, portés par l'enthousiasme populaire, ont pris place au fauteuil de la présidence. Qui peut dire qu'il ne s'en rencontrera jamais un assez grand, assez acclamé et assez ambitieux pour désirer un trône ? Nul ne songeait à ce danger à la conclusion de la paix, en 1783. Les auteurs de la Constitution oublièrent d'y parer ; et les présidents pourraient se perpétuer au pouvoir, par des élections successives, sans l'exemple du premier élu, qui, en refusant une troisième élection, a fixé l'usage de s'en tenir à deux.

C'est que, aussi, le danger n'existait pas alors : l'enthousiasme pour la République était général, les mœurs pures, les goûts simples ; la terre occupait le plus grand nombre des bras ; il y avait à peine trois millions d'habitants disséminés sur un espace qui aurait suffi pour quarante ; peu de villes, sauf sur les côtes ; on tirait du sol les matières premières, et l'on laissait aux artisans d'Europe le soin de les transformer : par conséquent, point de grandes usines, point d'agglomérations d'ouvriers, point de ces brusques mouvements d'opinion si fréquents chez nous, par le mécontentement naturel à l'homme de peine, exposé, par ses besoins et par son ignorance, aux séductions des utopistes qui lui font espérer un bonheur impossible.

Mais surtout, les Américains étaient religieux et tenaient ainsi à leur patrie par le lien le plus cher à l'humanité ; ils nourrissaient avec soin la foi fervente pour laquelle leurs pères avaient traversé l'Océan et fui au désert. Leur christianisme incomplet, mais sincère, leur enseignait le respect de la loi émanée de Dieu. Contents du nécessaire pour le corps, ne voulant de superflu que pour l'âme, l'espoir d'un bonheur à venir les consolait des misères du présent. Aussi, le Dieu dont ils réclamaient la providence dans tous leurs besoins publics et privés leur accorda-t-il le bien dont il est le plus économe, un vrai grand homme, George Washington.

Il y a des noms plus éclatants : César, Napoléon, par exemple ; il n'y a pas eu d'homme plus complet. Les écrivains sont ordinairement réduits à faire, de la vie des hommes célèbres, deux parts inégales : l'une publique, toute glorieuse, qui fournit de belles pages à l'histoire; l'autre privée, que l'on tient dans l'ombre. De Washington, il n'y a rien à cacher : qu'on le considère comme chef de famille, ou chef d'Etat, ou chef d'armée, il est partout à sa place; dévoué aux intérêts d'autrui, oublieux des siens, partout il se concilie le respect et l'affection par la justesse des vues, par l'énergie et la modération bienveillante de son caractère, modération qui n'ôtait rien à la vigueur du commandement.

Dans les assemblées délibérantes, la passion n'enflammait jamais sa parole. Il pensait et parlait juste, et persuadait sans rhétorique, parce qu'il n'y a rien de persuasif comme le bon sens et la droiture d'un homme de bien. Sincère dans les négociations les plus délicates, il savait être prudent et habile, ne trompait personne et ne se laissait pas tromper.

Aurait-il su, comme Napoléon, mener plusieurs guerres de front ou faire manœuvrer cent mille hommes sur un même champ de bataille ? Je l'ignore. Mais je sais bien que le génie d'un général ne se mesure pas au nombre de ses soldats. Les armées de Turenne et de Condé contenteraient à peine aujourd'hui un général de brigade. Turenne n'avait pas vingt-cinq mille hommes dans sa fameuse campagne contre l'électeur de Brandebourg, et nous ne voyons pas que la victoire de Sintzheim en soit moins glorieuse.

Sans mettre Washington au niveau de Turenne, disons qu'il savait, comme lui, deviner et déjouer les projets de l'ennemi, attaquer sans précipitation, reculer sans désordre. Même quand il semblait fuir, il épiait l'occasion de vaincre. A Tenson, par exemple, les Hessois payèrent cher leur folle sécurité. Au début de la guerre, il fut plus d'une fois battu, jamais surpris, jamais découragé. Il s'est souvent trouvé dans de bien mauvais pas. A Valley-Forge, pendant un rude hiver, tout semblait désespéré :

il ne se laissa pas abattre et sut relever le moral de ses troupes décimées, mal nourries, mal vêtues, mal payées, mais toujours confiantes en leur général. Sa constance fut, à la fin, récompensée : il reprit peu à peu le dessus, et, grâce aux Francais auxiliaires, il est vrai, triompha sur toute la ligne, et termina la lutte par la prise d'York-town et la capitulation de Lord Cornwalis avec toute son armée.

On peut se demander si c'est à son génie politique et militaire qu'il doit d'être, dans l'opinion de tous, le fondateur et presque le patron des États-Unis. Je ne le crois pas. Dans la guerre, Gates, le vainqueur de Burgoyne à Saratoga, et, dans la politique, Franklin. Jefferson, Adams, balanceraient sa réputation. C'est son désintéressement qui le met hors de pair : non pas le désintéressement d'argent, qu'il ne faut pourtant pas déprécier comme vulgaire; je parle d'un désintéressement, plus rare chez les plus grands hommes : le désintéressement du pouvoir et de la popularité.

Après la paix, son premier soin fut de licencier ses troupes et de remettre au Congrès sa commission de général en chef; puis il rentra, comme Cincinnatus, dans la vie privée. Ses concitoyens ne l'y laissèrent pas longtemps : ils eurent besoin de lui après la Constitution votée, en 1789 ; ils le voulaient pour président. Lui seul avait assez de sagesse et d'influence pour faciliter l'essai des nouvelles lois. L'épreuve réussit au contentement de tous : aussi fut-il rappelé à la présidence en 1793 et en 1797; mais il refusa cette troisième élection, soit qu'il ne se crût plus nécessaire, soit qu'il craignît que la perpétuité du pouvoir aux mêmes mains ne détournât l'attention de la patrie à son premier magistrat.

Au reste, ce n'est pas en flattant le peuple qu'il captait ses suffrages. Il veillait à ses intérêts, sans s'inquiéter de ses caprices. Sa popularité faillit en souffrir. Les doctrines de France avaient passé l'Océan; quelques-uns n'avaient pas assez de la liberté, ils songeaient au socialisme. Washington n'hésita pas à les combattre et réussit à les arrêter. C'étaient assurément des novices en démagogie Ceux de France n'auraient jamais pardonné cette opposition; ceux d'Amérique oublièrent leur échec et lui donnèrent leurs voix à l'élection présidentielle de 1797, puisqu'il obtint à peu près l'unanimité.

Ce portrait en raccourci doit suffire. Il explique le respect presque religieux des Américains pour Washington D'au-delà du tombeau, sa grande mémoire protége le pays qu'il a tant aimé et si bien servi. Son exemple fait encore loi. La Constitution qu'il a fondée s'est maintenue jusqu'ici, malgré de pénibles épreuves; elle sera immortelle en continuant à s'appuyer sur l'immortalité de son nom.

III — LA TROISIÈME RÉPUBLIQUE

Après ces longues excursions au dehors, il est temps de revenir chez nous.

Quel nom de la première république mettrons-nous à côté du nom de Washington ?

Mirabeau peut-être ? Oui, Mirabeau ne manquait pas de talent. Son style a de la couleur, ses mouvements de la passion, plusieurs pages de ses harangues figurent avec honneur dans les traités de rhétorique ; quand la cour l'eut regagné en payant ses dettes, il défendit quelquefois la bonne cause par de bonnes raisons : c'est tout ce qu'on peut dire à son éloge. D'ailleurs plein de vices qui déshonorent, universellement décrié, la honte de sa vie le réduisit à l impuissance, son éloquence trop vantée n'a jamais entraîné que son parti, il n'a gagné aucun de ses adversaires, parce qu'il était plus véhément que logicien. On crut un moment, il crut peut-être lui-même qu'il dirigeait la révolution. Quelle erreur ! Il poussait à la roue, d'autres menaient. On le vit bien quand il voulut la modérer ; dédaignant sa résistance, elle continua sa marche et allait l'écraser. Il mourut à temps.

Il n'y a rien là de Washington.

Qui donc, alors ? Lafayette ?

Au moins, de Lafayette on peut parler sans dégoût : il fut honnête homme, bien que fort incomplet. Il y a du bien et du mal à dire de lui. Sur le champ de bataille, il se montra vrai gentilhomme français : il avait le courage militaire et même le coup-d'œil ; car, plus d'une fois, il sut choisir l'heure et le lieu d'agir. Washington l'employa utilement. La nature le destinait au second rôle ; sa vue se troubla quand il prit le premier. Lui, l'honnête homme par excellence, il descendit presque au crime pour ménager sa popularité, il faillit devant le peuple : il n'avait pas le don du courage civil. Toutes ses bonnes intentions avortèrent, faute de jugement, de mesure, d'à-propos. Il se crut appelé à servir de modérateur entre la France et le roi.

Hélas ! Et ses manœuvres acheminèrent la France vers la Terreur, et le roi vers l'échafaud.

Quand on lit ses mémoires, si remarquables d'ailleurs par l'esprit et le bien dit, on admire sa courte vue, sa crédulité, presque sa simplicité. Le mot république en tête d'une constitution est pour lui, synonyme de sagesse et de liberté ; le pavillon couvre la marchandise. Il n'a jamais soupçonné que la monarchie pût abriter la liberté, ni la république engendrer la tyrannie. Aussi, incorrigible à l'expérience, ne comprenait-il rien aux tribulations des républicains de l'Amérique du Sud, dont il avait fêté la délivrance. Il est mort vieux dans toute la jeunesse de ses illusions.

Après tout, cela ne va pas sans lui faire quelque honneur. S'il croyait à l'honnêteté, c'est qu'il était lui-même honnête. Il porte la bonne foi si loin, que si l'on parlait de tout autre, on le trouverait naïf, plus que naïf. Lisez, par exemple, dans les lettres *à mon cher cœur*, la peinture des mœurs américaines : s'agit-il de l'Amérique, ou de la Bétique de Télémaque ?

Non, malgré ses touchantes illusions, Lafayette n'était pas né pour continuer Washington. Il n'était pas de taille à servir de pierre angulaire à la nouvelle société.

Ce serait outrager notre modèle que d'aller lui chercher plus bas d'autres copies. Une fois passé la Constituante, et encore ! qu'y a-t-il qui le rappelle ? Dans la Législative, entre les témoins muets et les fauteurs des égorgements de septembre ; dans la Convention, entre les meurtriers du roi, qu'ils soient Girondins ou Montagnards, la différence est dans les degrés de crime et le plus ou moins de droit au mépris. Qu'importe que les Girondins vaincus aient péri sur la guillotine des Montagnards ? Ces victimes ne sont pas assez pures pour toucher la pitié.

Des historiens sans conscience ont voulu atténuer notre juste horreur et égarer la compassion publique. Tandis qu'ils cherchent des défauts à Louis XVI, ils vantent les talents et presque les vertus des députés de la Gironde. Ils philosophaient si paisiblement dans leur dernier banquet ! ils ont affronté l'échafaud avec tant de courage ! ils parlaient si bien ! A mes yeux, dans des hommes si méprisables, le talent ne compte plus. Qui peut leur savoir gré de l'art de disposer une harangue, de balancer les membres d'une période, de fleurir le style ? Vergniaud ne s'amusait-il pas à ces minuties en amenant son vote de mort contre le Roi !

On peut dire que la mort les a bien servis. En les tirant, trop tard, il est vrai, pour leur gloire, de leur mauvaise voie, elle leur a épargné la honte d'aller, avec d'autres, par une dernière lâcheté, abjurer leur foi républicaine aux pieds de l'Empereur.

Si les Girondins, relativement modérés, sont si coupables, que dirons-nous des Montagnards, des pères de la Terreur ? La langue française n'a pas de terme assez fort pour exprimer l'indignation, le dégoût, le frisson d'horreur qui vous glace jusque dans les moelles, en lisant l'histoire de leur règne. Ces législateurs-bourreaux sont pris d'un accès de rage qui dure deux ans. Peu importe la victime, pourvu qu'ils aient à tuer, Généraux, magistrats, poetes, financiers, nobles, bourgeois. ouvriers, vieillards, femmes, enfants : tout leur est bon. La guillotine est en permanence, le sang ruisselle.

Leur rage est contagieuse. Dans une nation renommée entre toutes comme lettrée, douce, généreuse, on trouve à recruter des milliers d'ouvriers d'assassinat. On les paye à la journée : à tant par tête de mort, cela reviendrait trop cher. Sur les places publiques, dans les prisons, dans les rues, ils font leur métier, ils gagnent leur argent en conscience. Ils vont au devant des charrettes, ils les accompagnent, ils raillent, ils insultent les prisonniers. On les a vus, sous le coup d'un subit accès, se ruer sur eux et larder au hasard, de la pointe du couteau, du sabre, de la bayonnette, les poitrines, les têtes, les reins. C'était du temps et de la peine épargnés au bourreau titulaire.

Et des femmes venaient s'asseoir aux meilleures places, autour de l'instrument de mort, le plus près possible, pour ne rien perdre du spectacle. L'aiguille et le tricot à la main, en ménagères laborieuses, elles se récréaient, sans perdre le temps, des travaux domestiques. Elles se montraient du doigt les victimes les plus désolées, elles riaient en comptant les têtes et en les voyant tomber. Une fois l'œuvre accomplie, Théroigne et sa bande escortaient les morts jusqu'à la fosse commune; elles dansaient au chant de la *Marseillaise* et de la *Carmagnole*; elles montaient même sur les tombereaux pour outrager les cadavres : on les laissait faire, on leur applaudissait.

Étaient-ce des hommes et des femmes, ou des loups et des louves ? Qui peut le dire ? Quand le loup est repu, il rentre sous bois et s'endort, et les moutons sont en paix tandis qu'il digère. Eux, ils sont insatiables : le sabre, le fusil, la guillotine sont trop lents. A Lyon, les fédéralistes vaincus sont mis à la gueule du canon; la mitraille les écrase par centaines. A Nantes, on entasse les prétendus conspirateurs, des Vendéens, des prêtres, des religieuses, sur des bateaux à soupapes; la nuit, on descend la Loire; au plus profond du fleuve, les soupapes s'ouvrent, l'eau entre avec la mort. Chabot, pour épargner le temps, dressait sous les fenêtres de sa salle à manger la guillotine qui le suivait dans ses tournées; elle fonctionnait pendant le repas. Le vin n'est pas assez généreux, il lui faut du sang; ne lui parlez pas de musique pour égayer le banquet, rien ne vaut, pour son oreille, un concert de soupirs et de sanglots.

Or, dans ce sanglant désordre, tout suivait un ordre parfait; le hasard n'y entrait pour rien. Les journaux et les clubs, la voix du peuple, comme on disait, réclamaient les proscriptions; la Convention les mettait en lois; le comité de salut public, la tête et le bras de la Terreur, arrêtait les listes; des tribunaux sans magistrats prononçaient les arrêts, après quelques interrogations dérisoires. Et l'on se jouait de la vie humaine au point d'expédier chaque jour plusieurs centaines d'affaires capitales. Et cependant, si vite que courût la mort, elle était souvent en retard, les prisons s'engorgeaient : alors on lâchait les brigands de Marseille, mais toujours avec la subordination convenable, par ordre des supérieurs, sur émargement de l'État; puis, l'encombrement dissipé, la justice de Fouquier-Tinville reprenait son cours régulier.

Voilà l'histoire de la Terreur, voilà notre honte. Ne me parlez pas, pour la couvrir, des lauriers de la frontière : ces lauriers n'étaient pas républicains, ils étaient français. Robespierre le savait bien, il détestait les généraux et les soldats. Ce n'est pas pour lui qu'on mourait à Fleurus, à Jemmapes, à Valmy. Faire de notre glorieuse armée la gardienne de la Terreur est une insigne calomnie.

Or, dans cette épouvantable tuerie, qui nous a coûté tant de vies précieuses, je vois des juges, des échafauds, des victimes : j'ai beau chercher, il n'y a point de coupables, pas même d'ennemis. Le peuple avait peut-être peur quand on lui dénonçait les complots des prisons; les noms seuls de Pitt et de Cobourg suffisaient pour l'affoler; mais pour les chefs, pour les jacobins, pour les conventionnels, c'était la rage toute pure, une rage bête : il leur fallait du sang, comme il en faut au tigre, parce qu'il aime le goût du sang.

A qui en voulait-on ? A la noblesse, au clergé ? Où était la noblesse, où était le clergé politique ? Les nobles n'avaient-ils pas cédé, au 4 août, leurs titres et leurs priviléges ; et les évêques, leurs biens et leur rang d'honneur dans l'État ? Depuis Rabelais, on n'avait pas vu moutons mieux courir à l'abattoir. Dira-t-on qu'ils regrettaient ces concessions arrachées par un enthousiasme irréfléchi ? Eh ! qu'importaient leurs regrets et leurs désirs ? N'avaient-ils pas signé leur déchéance ? Leur ancienne prépondérance était ruinée sans retour. C'étaient les citoyens les plus soumis. Y avait-il péril dans les pleurs qu'ils versaient peut-être en secret sur leur ruine et leur humiliation ? Quel besoin avait-on de leur vie ? C'est un bien fragile édifice qu'une république, s'il suffit des plaintes de quelques hommes désarmés pour l'ébranler.

Mais les émigrés de la frontière étaient armés, les Vendéens et les Chouans étaient en pleine révolte dans l'Ouest !

Oui, les premiers émigrés furent coupables, bien coupables : Envers qui ? Envers la république ? Elle n'existait pas. Envers Louis XVI, qui seul avait reçu leurs serments, dont ils auraient dû protéger le trône et la personne au péril de la vie. Quant aux derniers émigrés, la France n'était plus tenable pour eux : les accuser de l'avoir quittée, quand on ne leur laissait plus de droit qu'à la prison et à la mort, c'est criante injustice.

Les Vendéens, eux, avaient accepté avec soumission, ou même avec joie, le nouveau régime. L'abolition des dîmes et des corvees ne leur déplaisait pas ; mais quand il fallut payer ces franchises de leur foi, quand ils virent chasser les prêtres, abattre les croix, démolir les églises, ils se levèrent pour les défendre. Prenez garde, amis du peuple : c'est le peuple, le vrai peuple qui agit en Vendée. Ne disiez-vous pas que la révolte est le plus saint des devoirs du peuple ? Cathelineau est un homme du peuple, un pauvre tisserand. Les nobles passent après lui ; bien loin de pousser à la guerre, ils y sont venus les derniers. Il a presque fallu les forcer de s'armer. Plusieurs d'entr'eux donnaient dans les idées nouvelles. Si la République leur eût laissé leurs biens et la vie sauve, elle n'aurait pas eu de meilleurs défenseurs.

Et même, à supposer les Vendéens et les émigrés coupables, est-ce avec la guillotine en permanence sur la place de la Révolution qu'on pouvait les punir ? Leurs crimes prétendus se lavaient-ils dans le sang de Malesherbes, de Lavoisier, de Chénier ? A qui profitait l'assassinat de tant d'évêques et de prêtres, connus par la science et par la vertu? Mais surtout quelle politique, autre que la politique des bêtes féroces, entreprendra de justifier la mort de Marie-Antoinette, trois fois sacrée, comme reine, comme femme et comme mère ; celle de Madame Élisabeth, tante du roi, un ange de piété et de pureté; et ces pleines charretées de religieuses, dont les unes vivaient de prières dans le cloître et les autres de charité dans les hôpitaux ; et cette infamie des infamies, l'abrutissement du jeune Louis XVII aux mains de l'infâme Simon ?

Qu'avait-on à craindre de ces femmes et de cet enfant? L'histoire, qui nous a transmis si peu de vertus et tant de crimes, n'en a point enregistré de pareils aux nôtres. Non, pas aux nôtres : je répudie ma part de ces horreurs. Que ceux qu les approuvent et sont en goût de les renouveler. prennent tout l'héritage de leurs pères en terreur. Ce sang innocent crie et criera longtemps vengeance. La postérité sera unanime à maudire ceux qui l'ont versé.

Ainsi, l'on reprenait l'expérience de la République là où elle a toujours échoué : aux proscriptions. Cela ne pouvait pas aller loin, les mêmes causes produisent les mêmes effets. La lassitude du désordre, le dégoût du sang, la peur qui gagnait le peuple, car la mort ne l'épargnait pas en fauchant les nobles et les riches, firent sentir le besoin d'un sauveur. Dès qu'il parut, toute la nation courut se mettre sous le joug, les terroristes les premiers : un vrai joug cette fois. La liberté y passa comme la licence. La France fit, pour la première fois, connaissance avec l'absolutisme qu'elle avait ignoré sous ses trois races de rois. Sans le souvenir récent de la Terreur et la gloire du champ de bataille, elle ne l'aurait pas supporté.

C'est une merveille que, dans cet intervalle de quatorze cents ans, nous n'ayons pas eu un tyran. S'il s'est rencontré de mauvais rois, la résistance armée de la féodalité et la puissance de prière de la religion limitaient leurs caprices. Et même, après que Richelieu eut abattu l'aristocratie et que le gallicanisme eut amoindri le clergé, soit influence de l'ancienne constitution dont les bons effets se faisaient encore sentir après sa chute. soit douceur de sang particulière aux Bourbons, Louis XIV, Louis XV, Louis XVI ne ressemblaient en rien aux tyrans connus. Ce mot de tyran avait même perdu son premier sens, par l'emploi qu'en faisaient les philosophes, pour qui toute gêne était tyrannie. Il ne l'a que trop repris. Quand on parle aujourd'hui d'un tyran, tout le monde sait ce que c'est.

Quel cruel usage on en a fait contre Louis XVI ! S'il y eût jamais roi honnête homme, c'est lui. Après les indignités toute nues de Louis XV, il assainit le trône par la pureté de sa vie. Son avénement fut salué comme un rayon d'espérance. On le savait bon et juste ; et l'on était heureux d'un roi que l'on pourrait estimer et aimer, après s'être rassasié de mépris sous le dernier règne. Bien que la jalousie de son prédécesseur, ou plutôt des maîtresses et des ministres, l'eût éloigné systématiquement des affaires, il aimait à s'en occuper et il en était capable. La chasse ne lui aurait pas fait manquer une séance du conseil. Il avait le jugement sain, plus de bon sens, et surtout plus de droiture qu'aucun de ses conseillers. Il avait bien raison, quand il disait à Turgot : « il n'y a que moi et vous ici qui aimions le peuple ». Désintéressé dans tous les abus par amour pour ses sujets et par vertu, il demanda le premier la réforme. A d'autres, il faut l'arracher; lui il l'offrit. Par malheur, il était presque seul à la vouloir. Dans les bas-fonds elle ne suffisait plus; on commençait à rêver un renversement. Les hautes classes, tout empestées de Voltaire et de Rousseau, d'utopies et d'impiété, maugréaient par bon ton contre le désordre des finances, les abus féodaux, les empiétements du clergé : ce qui ne les empêchait pas de vivre de sinécures à la cour, de refuser tout accroissement d'impôts, et d'exiger plus que jamais, dans leurs terres, en proportion de leurs progrès en philosophie, les droits utiles et honorifiques des anciennes chartes : droits de chasse et de pêche, rentes, corvées, le compliment à la porte des églises, comme pour les évêques, l'encens, l'eau bénite et le dais; quittes, pour être en règle avec l'opinion des lettrés, à se railler, dans les salons et les brochures, en prose et en vers, de ces stupides paysans qu'il faut mener par la peur de la verge ou de l'enfer. C'est là toute l'école voltairienne.

On pressentait la chûte, mais on la croyait lointaine; et l'on se laissait aller au courant. Le vieux Maurepas disait : « Cela durera bien toujours autant que moi. » Quand on y fut, la tête tourna aux plus habiles.

Il aurait fallu au gouvernail une main ferme; or, de toutes

les qualités d'un roi, la fermeté était celle qui manquait le plus au roi. Malheureusement rien ne peut y suppléer.

En 1774, il lui aurait suffi de n'être point timide; en 1789, l'énergie de Louis XIV ou de Napoléon aurait retenu sous la bride la nation qui commençait à s'emporter; plus tard, quand elle eut pris le mors aux dents, rien ne pouvait plus l'empêcher d'aller aux abîmes; et quand elle y fut, son guide insuffisant tomba de son siége et se tua dans sa chûte.

' Infortuné Louis XVI! Le malheur de sa naissance le mit au trône dans un moment où le trône réclamait un héros. La nature le voulait dans une condition privée. En lui donnant, sans plus, le bon cœur et le bon sens, elle l'appelait à être simple citoyen et père de famille. Sa religion sincère et sa bonté auraient rendu les siens heureux. Ces qualités n'ont suffi ni à lui, ni à nous: et l'absence de la plus royale de toutes a fait son malheur et le nôtre.

Il ne faut pourtant pas s'y tromper : sa timidité n'était point lâcheté. Dans cette race vraiment française de Bourbon, le courage est inné; Louis XVI a fait ses preuves. Son courage n'avait rien d'emporté : c'était un imperturbable sang-froid qui a suffi plusieurs fois pour conjurer le danger. Sur un champ de bataille, le bruit du canon ne l'aurait pas fait reculer d'une semelle. En présence de l'émeute, avec des piques déjà rougies à quelques pouces de sa poitrine, son cœur ne battait pas plus vite qu'à l'ordinaire. De son horreur pour le sang, il avait excepté le sien. Au dernier moment, il déploya une énergie qu'on ne lui connaissait pas : ses réponses firent plus d'une fois pâlir ses juges sur leurs bancs. Mais il était trop tard. S'il eût montré cette fermeté plus tôt, dans son conseil de ministres, il n'en aurait pas eu besoin devant la Convention.

Pour transformer Louis XVI en tyran, il a fallu des prodiges de mensonge et de crédulité.

Mais aussi comment faire une république sans tyran ? Une ère de liberté ne peut venir qu'après une ère d'oppression. Pour ressusciter Brutus, il faut d'abord ressusciter César. Ces vieilles républiques tant admirées et secrètement enviées avaient toutes eu leurs tyrans: Rome, son Tarquin; Athènes, son Hippias; la Suisse, Gessler : sous peine d'infériorité, il nous fallait le nôtre. La Convention imagina Louis XVI. Rien ne servit au roi d'avoir tout cédé à l'émeute. Les rôles étaient changés, car l'opprimé, c'était lui, et les députés autant d'oppresseurs. Il avait laissé, par le véto temporaire, réduire ses fonctions à une présidence honoraire; on avait la république sous un roi soliveau : après tant de sacrifices, le moins qu'on lui dût, c'était la vie et son titre. On lui prit l'un et l'autre pour suivre la tradition républicaine, ou plutôt pour assouvir l'ambition et la haine cachées sous ce commode manteau.

Rappeler les accusations portées contre lui et contre la reine, le peuple affamé, les révélations de l'armoire de fer, les orgies des gardes-du-corps en présence de la famille royale, les serments de vengeance, les assassinats commis dans l'ombre, et tout le sang des émeutes rejeté sur les mains innocentes du roi, serait bien inutile aujourd'hui. Les inventions des conspirateurs, les déclamations de la Chambre et des clubs ne peuvent rien contre lui. La France n'a pas absous la Convention. Aux yeux de l'avenir, le régicide ne sera jamais une vengeance nationale. Il restera ce qu'il est : un assassinat.

Ce crime et ceux qui l'ont suivi ont mis le remords dans notre histoire. C'est le malheur de l'idée républicaine d'être née et d'avoir grandie dans le sang. Elle n'effacera pas la tache de son origine. Il lui faudrait un siècle de sagesse pour adoucir la répugnance que le seul mot de république éveille dans les cœurs honnêtes, et convaincre d'erreur la joie qu'il inspire aux méchants.

Quand nous parlons à l'étranger des chefs-d'œuvre de notre littérature, de nos arts, de nos palais, de la douceur de notre ciel, de la richesse de notre sol, on nous écoute volontiers, on reconnaît dans nos grands écrivains les initiateurs de l'Europe. Mais taisons-nous sur notre république, si nous ne voulons pas qu'on nous jette à la figure la honte de sa mère.

Pourquoi l'expérience de 1848 a-t-elle si peu duré et si mal réussi ? En mettant à part la surprise de la nation, qui voulait réformer un rouage et voyait briser la machine, et la haine que vouèrent à leur œuvre les réformateurs monarchistes, devenus républicains sans le vouloir, la deuxième République ne doit s'en prendre qu'à elle-même. Les républicains n'ont plus le droit de faire une faute, et ils les multiplièrent alors comme aujourd'hui. Le drapeau rouge, les ateliers nationaux, les journées de mai et de juin, la Chambre envahie, les barricades, la guerre dans les rues, le meurtre du général de Bréa et de l'archevêque, des chefs utopistes, tels que Louis Blanc, Pierre Leroux, Proudhon, ou furieux, comme Sobrier, Blanqui, Barbès. il n'en fallait pas tant pour rappeler 93. Au bout de six mois, tout le monde en avait assez L'héritier du premier sauveur n'eut qu'à se montrer pour recueillir son héritage. Huit millions de suffrages l'acclamèrent empereur. La nation se donna à lui sur la foi de son nom, et non pas de ses œuvres, qui l'auraient plutôt mis à l'écart

Le troisième essai sera-t-il plus heureux ? La République va-t-elle s'acclimater parmi nous ? J'en doute. Celle de 70 aurait déjà rejoint ses devancières, sans le découragement universel, sans les manœuvres des hommes pour qui les principes ne sont rien, les expédients tout. A qui s'adresser ? Nos trois races de sauveurs et nos politiques du jour ont tour à tour trompé nos espérances Nous restons où nous sommes, faute de savoir où aller et de le pouvoir. Nous avons même failli recommencer le cercle des restaurations.

Et certes, si jamais la France veut un roi, je n'en vois pas d'autre que Henri V. Henri V n'est pas un roi de hasard et d'ambition, c'est un principe : principe qui nous a donné quatorze siècles de prospérité.

Henri V a-t-il le génie de la guerre comme son aïeul Henri IV ? Saurait-il reconquérir son trône ? Je l'ignore, et à quoi bon, d'ailleurs ? Les bayonnettes sont impuissantes à faire un roi de France. Il a déjà la force du droit, il attend sans impatience la force du vœu national.

Serait-il comme Louis XIV; car nos rois trouvaient tous les modèles dans leur famille. Serait-il magnifique en bâtiments, inspirateur du génie ? Eh ! à quoi bon, dirai-je encore. Il a fait de hautes études, ses visiteurs assurent qu'il aime les savants et les artistes, qu'il se connaît aux belles choses, qu'il a le goût sûr et délicat : tant mieux. C'est là une parure qui sied bien à la royauté ; mais, après tout, ce n'est qu'une parure. Nous avons assez de palais pour le loger honorablement ; les lettres et les arts n'ont plus besoin des cours pour fleurir ; les encouragements du public éclairé leur suffisent.

Ce qu'il nous faut, ce qu'il a, c'est le bon sens qui éclate dans ses écrits ; c'est la fermeté dont il a fait preuve en défendant l'honneur de son drapeau. Les courtisans ne lui ont pas, Dieu merci, caché les hommes : il les a vus tels qu'ils sont ; nul n'avait intérêt à dissimuler avec lui. Il les connaît et il saurait leur trouver leur place. Instruit à l'école du malheur, il y est devenu un parfait honnête homme. ses ennemis sont les premiers à l'avouer. Sa parole vaut un gage . il est lent à la donner, fidèle à la tenir.

Je ne lui sais qu'un défaut, un défaut capital aux yeux des meneurs du temps : il est chrétien, il croit, et il vit comme il croit. C'est le secret de la campagne de mensonges organisée contre lui, il y a quatre ans. Les dîmes, les corvées, le droit du seigneur, les billets de confession : l'on a remis à neuf, pour le combattre, tout le vieil arsenal de l'ignorance et de la mauvaise foi.

Tout au monde, Gambetta lui-même, plutôt qu'un roi clérical.

Oui, Gambetta, je le dis sans rire.

Ah ! Monsieur Gambetta, vous avez manqué une belle partie. Pourquoi n'aviez-vous pas le génie de vos prétentions ? Une fois général, dictateur, le plus difficile était fait. Vous pouviez dissoudre les conseils généraux et municipaux, casser les préfets, les maires et les juges, et vous l'avez fait. Seul maître en France : maître de l'argent des contribuables, maître des canons et des fusils de nos arsenaux, vous aviez improvisé, en quelques bulletins, l'administration civile et militaire; vous aviez improvisé même des plans de campagne; il ne vous restait plus qu'à improviser la victoire. Après quelques bonnes défaites infligées aux Prussiens, vous seriez revenu sur Paris, vous auriez écrasé la Commune; puis, une fois vainqueur de vos amis et de nos ennemis, qui sait ce qui pouvait arriver ? La France est généreuse; elle ne marchande pas la gloire aux vainqueurs ni la reconnaissance à ses libérateurs : elle aurait acclamé votre nom à l'unanimité de ses comices. Vous auriez eu huit millions, dix millions de *oui*. Quelqu'un me dit qu'il n'y a pas tout-à-fait neuf millions d'électeurs; et moi, je réponds qu'on en aurait trouvé quinze et vingt au besoin. Vos scrutateurs auraient bourré les urnes jusqu'au cadenas de bulletins consciencieux, plutôt que d'en rien rabattre. Vous seriez ainsi monté, par la plus courte échelle, au trône de Charlemagne, de Louis XIV et de Napoléon, et nous aurions une dynastie de plus : la dynastie des Gambetta.....

Ainsi, la république est, pour nous, un pis-aller. Nous la subissons faute de mieux. La France l'acceptera-t-elle par lassitude, quand tout espoir de libération sera perdu ? Assurément, les conservateurs n'y mettront pas obstacle. Opposés, par principe et par intérêt, aux changements, ils appuient tous les gouvernements réguliers et honnêtes. Que la République se méfie de ses amis : elle n'a pas d'autres ennemis

Sont-ils donc incorrigibles ? Les leçons multipliées de l'expérience ne leur ont rien appris. Tels l'histoire nous les montre à leur début, tels nous les retrouvons en 1878 : les mêmes convoitises, les mêmes préjugés, les mêmes rancunes. Quelques-uns d'entr'eux ont blanchi à la rame ou au gouvernail, dans les conspirations les plus orageuses; la fortune leur a plusieurs fois souri. Par 'quel aveuglement les voit-on, encore aujourd'hui, tourner le dos au port et courir aux écueils où ils ont déjà échoué ?

Le bon sens dit qu'un gouvernement qui veut vivre doit protéger tous les intérêts : ils les menacent tous. La France relève à peine de défaites comme elle n'en avait jamais subi, L'ennemi est en armes sur ses frontières : comment ne voient-ils pas qu'elle a besoin de recueillement et d'union; que la diviser, en excitant les classes les unes contre les autres, c'est l'affaiblir. Rien ne les arrête; au risque de la ruiner de nouveau, ils mettent dans leurs proscriptions tout ce qu'il y a d'honnête et d'éclairé. Le premier de leurs intérêts serait de renier leurs pères et de répudier l'héritage de la Terreur Loin de là, quand le temps semble près d'assoupir enfin nos douloureux souvenirs, ils se hâtent de les réveiller par la glorification de Robespierre et de Marat. En pleine Chambre des députés, ils ont acclamé ces noms maudits. Les murailles de Paris sont encore toutes noires des incendies de la Commune. A qui va la pitié? Aux incendiaires, dont on veut le rappel à titre de justice et non de faveur.

La sourdine opportuniste de M. Gambetta n'y fait rien. Ennemis et complices, tout le monde sait qu'il ne s'agit pas, pour lui, d'apaiser, mais d'ajourner. Il n'est donc pas permis de désarmer : l'explosion peut nous surprendre à tout moment. La légalité est une toile d'araignée que nos adversaires sont habitués à rompre. Pour les républicains de l'avenir, d'un avenir peut-être prochain, comme pour le chancelier de Berlin, la force prime le droit, ou bien, selon la formule pratique de Ranc, on ne discute pas avec ses adversaires, on les supprime. On les supprime ! Dites donc qu'on les guillotine ou qu'on les fusille; ayez, dans le mot, le cynisme de la pensée.

Leurs journaux s'inquiètent peu de calmer nos craintes. Ils
n'ont point de doctrines, ils n'ont que des haines. La haine fait
toute leur politique. Ne leur demandez pas de raison, ils ne
connaissent que la violence. Point de style, point de logique.
Dans certains accès, ils n'ont plus même de langage humain :
ce sont des cris de cabanon ou de ménagerie.

Les intransigeants viendront-ils au pouvoir? Nous sortons de
la seconde Constituante; après la seconde Législative, irons-nous
à la seconde Convention? Si j'interrogeais mes concitoyens, je
devinerais sans peine leur réponse. Ils sont volontiers optimistes au lendemain des malheurs, incrédules aux leçons les plus
claires de l'expérience. Ils ont l'imagination ardente, l'impression vive, la mémoire courte, l'expérience tenace, la douleur
poignante et passagère. Une feuille de printemps nous fait oublier l'hiver. Qui se souvient de l'orage au retour du soleil ?
La guillotine était à peine démontée en 1795, la terre n'était pas
encore tassée sur les tombes, que déjà les folies mondaines reprenaient leur cours. On se coiffait à la victime; il y avait des bals des
orphelins de l'échafaud. Aujourd'hui, comme alors, ne dirait-on
pas qu'il s'est écoulé des siècles depuis la Commune? Sauf
quelques grondeurs incorrigibles qui voient des points noirs
partout où il y en a, Paris est tout à la confiance. Légers
comme les Athéniens d'Alcibiade, qui sait si les Parisiens ne
trouvent pas, en prenant l'air aux Tuileries, que les ruines pantelantes du château font bien dans le paysage? Cette ombre de
tristesse rend la joie du moment plus piquante. Ne leur parlez
pas du pétrole en réserve. des ôtages futurs : les prophètes de
malheur obtiennent rarement créance. Vive le présent ! Homère
se trompe en donnant Cassandre pour fille au vieux roi troyen.
Pour moi, je la crois française et contemporaine.

Grâce à leurs dispositions biens connues, nos concitoyens répondraient . non ! nous ne reverrons plus la Convention. La logique inflexible des choses dirait : oui. L'histoire, qui ne se contredit pas, nous apprend qu'en révolution, les modérés ont le
premier mot, les exagérés le dernier. La passion de parti n'abandonne son principe qu'après en avoir déduit les dernières
conséquences.

Si cependant nous ne retournons pas cette fois aux abîmes,
la République n'y peut rien gagner : la sagesse relative des

prudents suffit pour nous en dégoûter, sans les excès des violents.

Je parlais tout à l'heure de confiance : c'est la confiance en notre étoile que je voulais dire. Quant à la confiance aux institutions du moment, où est-elle ? Sauf quelques vieux novices, fidèles jusqu'aux cheveux blancs à leurs premières illusions, j'en trouverais presque autant chez les boudeurs de 1830 que chez les repus de 78. A les entendre, ils n'ont pas un écu, pas une goutte de sang qui ne soit au régime de leur création. Paroles en l'air, voyez-les à l'œuvre !

De l'incrédulité commune, je n'excepterais pas M. Gambetta lui-même. Croit-il à la liberté? Jamais despote à main de fer ne l'a rudoyée comme lui. Croit-il aux institutions, à la présidence? Peut-être bien, depuis l'adoption de la fameuse formule. Et, au fait, en quoi peut le gêner un commis aux signatures, qu'on appelle président? Trois fois heureux Gambetta, s'il mettait un peu de sagesse au service de la fortune! Il faut qu'il soit né coiffé, pour avoir rencontré cet honnête maréchal, prêt à signer ses plus folles exigences.

On peut donc lui reconnaître une foi conditionnelle à la présidence, et même au Sénat, ce grand conseil des communes de France, comme il disait en discutant la Constitution. Il en a rabattu depuis. C'est qu'il y espérait alors un complice. Reste à le décomposer ou à l'annuler. L'œuvre est à moitié faite.

Croit-il du moins à la Chambre? Comme à tout le reste, sous bénéfice d'inventaire Régulièrement élue, mais bonapartiste, comme en 70, il la fait dissoudre par l'émeute. Incomplète, comme en octobre 78, malgré la pression du mensonge et de la crainte, infectée de conscience, d'éloquence et d'indépendance, il l'assainit par l'invalidation.

Quant aux conseils de province, généraux ou municipaux, ces vrais conseils de la nation, dont les électeurs connaissent personnellement tous les élus, les représentants directs de l'opinion, bonne ou mauvaise, dans toute sa sincérité, cette sincérité même les a fait dissoudre une première fois. Sera-ce la dernière? Eh quoi donc ! Devient-on, par conservatisme, incapable de faire la police des rues ou des mœurs, d'étayer un bâtiment communal, de rectifier la grande ou la petite vicinalité? Le républicanisme donne-t-il la science aux ingénieurs et l'intégrité aux comptables?

Reste le suffrage universel; l'arche sainte des libertés modernes Ça été ma plus chère illusion. Sera-ce la dernière? J'ai trop peu vu la vie pour oser l'espérer. Ce n'est pas que l'utopie, en l'état actuel, m'ait jamais paru inattaquable. J'ai toujours vu avec peine les droits de la raison passer au nombre, l'ignorant et le fripon sur un pied d'égalité avec l'honnête homme et le savant, et le vote d'un président de Cour ou d'un maréchal de France annulé par celui d'un conscrit ou d'un recors, mais surtout l'affaiblissement inévitable des liens de la famille, déjà si relâchés par les lois d'hérédité. Grâce au suffrage universel, souverain absolu , les discussions politiques pénètrent jusqu'au foyer, et l'inexpérience des enfants entreprend d'aiguillonner la maturité, trop lente à leur gré, de leurs parents. Parerait-on à ces inconvénients du suffrage universel par une meilleure organisation? Par exemple, en lui donnant des degrés, ou bien en restreignant les choix aux candidats originaires de l'arrondissement, afin que l'électeur sût ce qu'il fait; ou bien encore en attribuant des votes collectifs aux chefs de famille, ou d'usines, ou d'administrations, et des votes multiples aux prêtres, aux magistrats, aux savants, aux grands propriétaires, pour éviter le choc brutal du nombre et faire agir la richesse, la science et la vertu? C'est une expérience que les maîtres du jour ne tenteront certainement pas. Elle est pourtant nécessaire, si nous voulons que la représentation nationale prenne pied dans notre Constitution ou la quitte sans nous laisser de regret.

Je m'inquiétais peu d'abord, je l'avoue, de ces atténuations du danger. Quelle objection pouvait tenir devant la joie de l'avénement définitif du peuple souverain? Les derniers vestiges des inégalités de naissance et de richesses sont disparus. Le plus humble citoyen peut s'applaudir de la prospérité de la patrie et de la sagesse des lois, puisqu'il y contribue dans une proportion réelle, bien qu'infinitésimale. Nous sommes libres et égaux, sous le joug volontaire des mêmes lois.

Un vrai château en Espagne, ou plutôt un château de cartes, du moins dans le système direct à un degré. La seconde République et le second Empire l'avaient bien secoué, la troisième République l'a mis à bas. L'essai du 14 octobre est décisif. On ne ment pas plus impudemment, on ne croit pas plus sottement. J'en sais quelque chose, j'ai mis la main à la pâte. Mon thème était bien simple : la concorde au dedans, la paix au dehors. Alors le consommateur ouvrirait ses épargnes, dans l'espoir de les renouveler ; les commandes viendraient au patron et les salaires à l'ouvrier, avec le travail Alors la terre et l'industrie garderaient et emploieraient les bras qui se font de plus en plus rares, et nous n'aurions plus à courir ces aventures qui nous ont coûté cinq milliards et deux provinces. J'insistais sur le besoin d'épurer les mœurs, de soutenir la religion, et je concluais : Écartez donc les hommes tarés, nommez des députés honorables.

Je n'ai jamais mieux perdu mon temps et mes paroles. Mes bottes cirées, mon habit brossé réfutaient mes meilleurs arguments. C'est un exorde bien insinuant, par le temps qui court, qu'une blouse en loque et des souliers éculés. Il me répugnait de me griser au cabaret avec l'électeur, je le respectais trop ; d'autres, moins réservés, cherchaient le suffrage au fond des bouteilles. A leur démarche avinée, au désordre de leurs vêtements et de leur barbe, à leur langue verte, on reconnaissait les hommes des nouvelles couches. Ils me suivaient comme mon ombre et ruinaient sans peine toute mon œuvre. Les pièces d'or sonnaient dans leurs poches ; ils offraient à boire à tout venant ; le boniment coulait avec le vin, le tout également bien venu. « Méfiez-vous des épauletiers, méfiez-vous du patron, méfiez-vous de la robe noire et du clérical. L'officier spécule sur votre patriotisme, le patron sur votre misère, le prêtre sur votre conscience. Le tour du peuple est venu : il y a assez longtemps qu'il souffre, il a gagné le droit de jouir. » La haine pour qui commande, l'envie pour qui possède ne trouvaient que trop d'écho dans les parties malsaines de l'auditoire. On se quittait avec des poignées de main : vous êtes les amis du peuple, nous voterons à votre mot d'ordre. Ce qui m'humiliait le plus, c'étaient les appels à la lâcheté. « Si les cléricaux remettent le pape sur le trône, qu'allons-nous devenir ? Les Italiens vont se fâcher, envahir la Provence et le Dauphiné, reprendre Nice et la Savoie. » Mensonge odieux. Mais en sommes-nous donc, après sept années de République, à craindre les fuyards de Novare, de Custozza et de Lizza ?

On sait comment cela a fini. Jamais pareille majorité d'électeurs n'avait fait pareille Chambre de députés. Là où le suffrage donnait, on changeait les bulletins ; quand il se réservait, on les multipliait. Les invalidations ont encore réduit la minorité, qu'achèvent les rappels à l'ordre et les interruptions systématiques. Le talent n'y peut rien. Les naïfs s'étonnent; la conscience publique réclame ; qu'importe aux meneurs ? Ils ont la parole et l'action : force est de les subir. Leurs œuvres déposent contre eux ; l'avenir les jugera.

Ces procédés violents ne laissent plus à personne le respect nécessaire a la stabilité de nos institutions. Qui les prendra au sérieux, quand leurs fondateurs sont eux-mêmes les premiers à s'en jouer? En moins de cent ans, la mauvaise foi des constituants nous a fait passer par une douzaine de constitutions différentes. Combien va durer la nôtre ? Dans la crise où elle s'engage, il faudrait, pour la soutenir, des mœurs que nous n'avons plus.

On disait autrefois : les lois ne sont rien sans les mœurs. Que seront-elles dans l'état des nôtres ? Sans vouloir déclamer sur la corruption du temps; sans dire de notre siècle ce que tous les esprits chagrins ont dit du leur, qu'il est le pire des siècles; sans remonter aux âges d'or célébrés par les poetes, et inconnus aux historiens, je puis du moins croire, si toutefois Montesquieu a raison d'appuyer la République sur la vertu, que la République n'est pas notre fait.

Elle vit de désintéressement. Qui veut servir gratis ? Il n'y a plus assez de places pour les solliciteurs : tout le monde se croit capable et digne. Les gros traitements suffisent à peine, tant les désirs passent les besoins. L'amour de l'argent vicie toutes les classes de la nation. Jusque dans les campagnes, on s'occupe de taux, de mercuriale, de hausse, de baisse, d'agio. Nous n'en viendrons pas, j'en suis sûr, à la crasse avarice de quelques-uns de nos voisins ; l'argent pour l'argent ne sera jamais à l'usage des Français. Gagner pour dépenser, s'enrichir pour jouir, voilà notre maxime, et il faut bien avouer que les coureurs de fortune sont de moins en moins délicats sur les moyens de l'atteindre. Les noms de Fabricius et de Cincinnatus, jadis en honneur, excitent plus de gaîté que d'admiration. Les gouvernements suivent le courant. Depuis que les Saints Simoniens ont changé les vieilles idées sur le luxe et la sobriété, l'épargne, qui formait toute l'économie sociale, a fait place à la dépense. Nous y gagnons des vices de plus.

Le fait est que la licence atteint les dernières limites. Je n'en prend pas pour juges les préjugés des étrangers. Leurs journaux et leurs livres payent d'injures notre aimable hospitalité.

Au dire des Anglais et des Allemands qui ont voyagé en France, on n'y trouve plus un homme d'honneur ni une femme vertueuse. La gaieté française les trompe. Engoués d'eux-mêmes, ils prennent volontiers leur pharisaïsme pour vertu, leur morgue pour dignité, et nous taxent de légèreté parce que nous n'imitons pas leur pesanteur. Ils traversent notre pays trop vite pour nous connaître. C'est au foyer domestique, et non pas sur les boulevards et dans les hôtels qu'il faut étudier notre nation· Là, ils trouveraient de beaux restes de l'ancienne famille française, et surtout des mères et des filles fidèles aux traditions dont les maris et les frères se désintéressent trop.

Sous le bénéfice de ces réserves, avouons que le déclin est rapide. L'autorité paternelle baisse de jour en jour ; les familles honnêtes se font rares; le devoir gêne; on court au plaisir. Les crimes contre les personnes et la propriété se multiplient. Et comment résister au mal incessamment attisé par la presse? Parmi les causes de la corruption qui gagne, elle est la première. Le besoin de lire, qui pouvait être un grand bien, devient un grand mal, par la mauvaise pâture dont il se nourrit. Pourquoi favoriser la vente des mauvais livres, puisque celle des poisons est si sévèrement surveillée ! Le gouvernement lui-même, le protecteur naturel des bonnes mœurs, se désintéresse dans cette question vitale, ou même il pousse à la corruption, en levant les obstacles qui pouvaient l'arrêter.

Il y a bien un remède : la religion; mais pour beaucoup de gens, le remède est pire que le mal.

Comment expliquer l'aversion des républicains pour la religion? Ils n'ont pas pris cela des anciens, car les Romains et les Grecs regardaient la religion comme le lien nécessaire des sociétés. Leurs villes étaient pleines de temples; chaque foyer avait son dieu. L'État ni les particuliers n'entreprenaient rien sans consulter les prêtres. Pourquoi ne les imitons-nous pas? Tous ces bons matériaux qui fondaient les Républiques : tolérance, dévouement, bonnes mœurs, souvenirs honorables, religion, nous les mettons à l'écart, nous bâtissons en l'air. C'est vraiment à croire qu'en réformant la France sur les patrons de l'antiquité, nous cherchons un échec, tant nous y sommes négligents. Et cependant, en regardant de près à la haine religieuse de la République, on pourrait reconnaître qu'elle n'est pas absolue. Il n'y a qu'une religion exclue : le catholicisme. Les dieux de l'Olympe ne déplairaient peut-être pas; ni même le christianisme incomplet des protestants. Les passions trouvent de faciles accommodements avec les cultes payens ou semi-chrétiens. Mais le catholicisme, voilà l'ennemi.

Y a-t-il un motif légitime à cette haine ? Je n'en connais point, car la sincérité du catholicisme, ses vertus, ses fêtes, l'origine de ses prêtres, la protection qu'il a de tout temps accordée aux lettres et aux arts, et le secret qu'il possède de toucher les cœurs, le rendent vraiment populaire. Le peuple n'a point de rancune contre son influence politique d'autrefois; il redit même encore dans les provinces, un adage qui doit venir de loin : *Il fait bon vivre sous la crosse.* Les lettrés, qui se passent de lui et que l'éducation universitaire a remplis de préjugés irréligieux, peuvent le haïr; mais le peuple, qui le voit de près et à l'œuvre, le peuple l'aime.

C'est qu'en effet il a suffi longtemps à tous ses besoins. Dans les chaires et les écoles, il enseignait gratuitement la littérature et la science de son temps, aussi bien que la foi et les mœurs, et, tout en ne paraissant occupé que de la seconde vie, le bonheur possible de la première. Il savait être aimable et sévère, tonner et sourire. La vie qu'il faisait à ses croyants était pleine dé gravité et de grâces. Les fêtes nombreuses de son calendrier, ses processions, ses hymnes et ses cantiques, mettaient une agréable variété dans les travaux de la ville et de la campagne et inspiraient une joie décente. La semaine de l'ouvrier, tout émaillée de saints, de chants et de prières, n'avait rien de la monotonie d'aujourd'hui, où les classes laborieuses ne se délassent plus qu'au cabaret. La beauté de l'architecture gothique, les lumières, les cérémonies, les broderies des vêtements sacerdotaux, l'or, l'argent et les ciselures des vases sacrés et des reliquaires, les peintures sur toile et sur verre, multipliées jusque dans les plus petites églises, éveillaient et nourrissaient le goût du beau; on parlait moins de l'art, on le sentait mieux.

Tout le monde a lu dans les journaux, les histoires ou les romans, des portraits du paysan d'autrefois : c'était l'ignorance et la grossièreté mêmes. Mensonge tout pur. Ce n'est pas le paysan d'ancien régime, c'est celui de la Révolution qu'on a peint. En quoi ressemble-t-il, par exemple, au type héroïque de l'ancien paysan, au Vendéen de 93 ?

Amis et ennemis, tous ceux qui ont connu le Vendéen s'accordent à dire qu'il était fier et modeste, doux et vaillant, terrible en guerre dans un combat avec les *bleus* ; bon, paisible, accommodant, doux comme un agneau dans sa famille et parmi les siens. Ces bons *brigands* ne prenaient peut-être pas la science en bonne part, ils étaient faibles sur la géographie et auraient mis sans sourciller, Berlin en Espagne, et Madrid en Russie ; et si quelqu'un les en eût repris, ils auraient ri de leur erreur, au lieu d'en rougir.

En religion, au contraire, ils savaient et ils pratiquaient. Cette simple et profonde philosophie du catéchisme qu'ils tenaient de Fénelon, de Bourdaloue et de Fleury, leurs derniers apôtres, leur était familière, et ils goûtaient, dans leurs livres d'heures; la poésie de la Bible et l'éloquence des Pères. Grâce au soin que les évêques donnaient à instruire les petits, ce n'étaient pas des ignorants.

C'est à partir de 1791 que descendit sur la France l'éteignoir révolutionnaire, que l'on voudrait passer au clergé. Les écoles furent fermées, les maîtres emprisonnés et guillotinés; les croix, les statues, les vitraux furent brisés, les églises renversées; on brûla les tableaux, les tapisseries, les ornements et les reliquaires. Depuis la rage iconoclaste des réformés de 1560, on n'avait rien vu de pareil. L'instruction primaire manqua partout à la fois, et la Révolution couva dans l'ignorance ces populations stupides et vicieuses que nous avons vues. Pas un conscrit ne savait lire.

Sans la religion, nous étions abrutis pour des siècles. C'est elle qui reprit l'enseignement des pauvres et même des riches, quand elle revint en France par le Concordat; et, avec cette œuvre, toutes celles qu'avait interrompu l'invasion des barbares de la Terreur. La sève chrétienne, que l'on croyait épuisée, poussa des maîtres et des maîtresses pour écarter l'ignorance, et l'impiété fille de l'ignorance; des contemplatifs pour renouer les relations entre le ciel et la terre; et, enfin, une floraison vraiment merveilleuse de maisons de charité Aucune de nos infirmités ne fut oubliée. Les malades, les blessés, les aveugles, les muets, les aliénés, les orphelins, les vieillards et les jeunes condamnés eurent leurs frères ou leurs sœurs, selon le sexe, malgré les tracasseries des administrateurs, les calomnies des impies et quelquefois l'ingratitude de leurs protégés; et tant qu'il y aura des pauvres, des malades, des affligés et des criminels, la religion continuera de les nourrir, de les panser, de les consoler, de prier pour eux et de les relever.

Les utopistes tiendront-ils, à la fin, leurs promesses ? Vont-ils ramener l'âge d'or et nous trouver le superflu, quand la nature se fait tant prier pour nous accorder le nécessaire ! En attendant, nous leur devons un accroissement de malaise et de plaintes. Le peuple n'a plus besoin désormais, disent-ils, de patience ni d'espérance ; et ces deux vertus chrétiennes sont plus nécessaires que jamais.

On a beau faire : sous peine de mort, on ne se passera pas de la religion Elle seule a le dépôt des principes de la vie des familles et des sociétés. Elle donne aux caractères une fermeté mâle, une fierté sans orgueil, qui est la meilleure défense contre les tentations de l'ambition, de l'argent ou du plaisir ; elle commande aux passions ; elle règle les mœurs. C'est elle qui fait l'autorité des pères, le respect des enfants, l'obéissance des sujets, la modération des chefs ; car, là où elle ne règne pas, la soumission dégénère en servitude, et le commandement en tyrannie. L'égalité promise n'effacera pas la distinction nécessaire de supérieur et d'inférieur, de pauvre et de riche. Or, il est d'expérience que la religion fait taire l'envie et l'ambition en les ajournant à l'autre vie. Le chrétien fidèle est toujours un citoyen soumis aux lois. Si la République veut vivre, dans son intérêt et dans celui du peuple qui doit se confondre avec le sien, il faut qu'elle s'appuie sur la religion.

Mais voici venir la grande objection : l'antipathie de l'Église pour la République. Pour laquelle ? Les républiques de Florence, de Gênes, de Venise, vivaient d'accord avec l'Église et s'en trouvaient bien ; elle n'est certainement pour rien dans leur chûte.

Pour la république Suisse, alors ? Je ne sache pas que l'Église l'ait maudite et se soit rangée sous les Habsbourg contre elle. Bien loin de là, elle bénissait ses drapeaux et priait pour ses succès à Morgarten, à Sempach, à Granson et à Morat ; elle donnait asile à son libérateur, au meurtrier de Gessler, à Guillaume Tell. Depuis que la Suisse ne prend plus conseil de ses évêques, elle rencontre plus souvent ses enfants que les étrangers sur ses champs de bataille, et ses dissensions l'auraient livrée, comme la Pologne, en proie à ses voisins, s'ils avaient pu s'entendre pour le partage de ses montagnes.

Serait-ce donc la République des États-Unis ? Pour une république protestante, l'éloignement du catholicisme n'étonnerait personne. Mais là, comme ailleurs, les catholiques savent que leur religion n'est pas un parti politique. Ils acceptent, ils aiment leur gouvernement, et si jamais il était menacé par quelque ambition privée, ils seraient les premiers et les derniers à le défendre. Leur respect pour les lois, la science et les vertus de leur clergé ont dissipé peu à peu les préjugés tenaces des puritains, et valu à leur foi des conquêtes qui témoignent de l'estime dont ils jouissent.

Pourquoi la République française n'imite-t-elle pas sa sœur d'Amérique ? Elle se plaint des cléricaux, qu'a-t-elle fait pour les gagner? Son histoire est pleine de sa haine religieuse, chacun de ses retours marque une nouvelle persécution. Elle promet la liberté jusqu'à la licence, et conteste la plus chère, la plus sacrée des libertés : celle de servir Dieu. Que reproche-t-elle aux catholiques ? Où les a-t on pris la main dans les émeutes ? On les accuse, on les condamne partout, excepté devant les juges. Que les républicains y regardent de près, et, au lieu de l'antipathie prétendue de la religion pour la République, ils constateront l'antipathie visible de la République pour la religion. Nous ne leur demandons que la paix en retour de notre soumission et de nos services. Oui, de nos services. Si leurs divisions n'ont encore éclaté que dans les journaux, s'ils ne se dévorent pas les uns les autres à l'exemple de leurs pères, c'est nous qui bridons leurs colères. Si la Constitution est encore debout, ce n'est pas grâce aux républicains.

Mais que parlé-je de Constitution? Si le catholicisme était pour quelque chose dans la nôtre, il l'aurait fait vivre. Depuis que j'ai commencé d'écrire, la République a fait sa dernière évolution : il n'y a plus ni président, ni Sénat La législative est close. La Convention règne et gouverne. Gambetta et le comité de salut public, je veux dire des dix-huit, possèdent la réalité du pouvoir dont ils auront les honneurs quand ils les voudront ; déjà les représentants du peuple s'essayent au proconsulat, sous prétexte d'enquête ; l'opportunisme est fini ; à bientôt le programme de Belleville. Y a-t-il en France un homme assez fort pour nous retenir sur la pente ? Le Maréchal, M. Dufaure, M. Grévy lui-même, écrasés par une popularité supérieure, ne peuvent rien, ni pour eux, ni pour nous. Les craintes et les espérances de la France reposent sur Gambetta. L'avenir, c'est lui.

Qu'est-ce donc que Gambetta?

IV — GAMBETTA

La question est plus facile que la réponse.

Il y a des hommes que l'on peut dire coulés d'un jet, ou bien taillés dans le bloc. Ils sont tout d'une pièce. Une fois le trait principal indiqué, le portrait est fini : tout le monde les reconnaît. Tel fut Phocion chez les Athéniens; à Rome, Caton. Leur grande ligne était l'austérité républicaine. Le ministre exact, économe et probe, c'est Sully; de même encore, Mathieu Molé et le chancelier de l'Hôpital sont les types et les modèles du magistrat intègre.

Leur trouverons-nous des imitateurs parmi les hommes de notre temps ? Peut-être, en cherchant bien; car de tels hommes sont toujours rares. Ai-je la main heureuse ? Que va-t-on dire, si j'indique M. Hugo. Quoi, Hugo ! Victor Hugo ! L'homme aux cent couleurs : blanc, tricolore et rouge. Victor Hugo, tour à tour chrétien, déiste et athée ; l'apostat de tous les serments et de tous les drapeaux ! Chercher l'unité de vie dans Victor Hugo, autant chercher l'unité de couleur dans l'arc-en-ciel ou le caméléon !

Doucement, faites comme moi ; regardez de près, et, sous la variété des nuances, vous reconnaîtrez l'unité de dessin. Toutes les lignes de sa figure convergent vers une ligne principale : la poésie. Il n'est ni politique, ni philosophe, ni chrétien, ni légitimiste, ni orléaniste, ni radical, ni pair, ni député, ni sénateur : il est poète. Comme l'abeille, il voltige à travers les opinions, les gouvernements, les philosophies, en quête du doux miel de poésie. Comme l'abeille encore, quand il a butiné dans un champ toute sa moisson de métaphores, de rimes et d'antithèses, il va en dépouiller un autre. Il n'est pas inconstant, je l'ai dit : il est poète.

En est-il de Gambetta comme de ces hommes célèbres ? Quelle idée réveille son nom ? Je cherche l'unité de sa vie et j'ai peine à la trouver. La nature, pour le produire, semble avoir pris, un peu partout, les qualités secondaires, sans aucune de ces marques typiques des grands caractères et des hommes supérieurs.

Il est, en tout, loin des premiers, soit comme orateur, soit comme législateur, ou comme général (ces avocats ne doutent de rien), ou même comme conspirateur.

Il ne manque pas de faconde : ses amis diraient d'éloquence; mais le public est plus difficile. Ceux qui l'ont entendu sur la tombe de Baudin, dans les clubs, au balcon, ou à la tribune, le jugent disert plutôt qu'élégant, aigre plutôt que vif, ergoteur plutôt que logicien, emporté plutôt que véhément. Il n'est vraiment en verve qu'aux dépens des cléricaux : le clérical fait la moitié de son talent. Quelle différence avec la raison profonde et émue de Berryer !

Le meilleur du talent de Mirabeau, c'était sa tête difforme, sa hure, comme il disait, et sa voix tonnante; à vingt piques au-dessous de Mirabeau, le meilleur de Gambetta, c'est sa voix grosse et rauque. L'esprit a beau se refuser à la pensée, l'oreille est contrainte à recevoir le son. Ah ! si l'on pouvait imprimer la voix.

Eh ! au fait, qu'a-t-il besoin d'éloquence ? Dans les clubs il me sert de rien de frapper juste, il suffit de frapper fort, et dans la Chambre, telle qu'il se l'est faite, l'invalidation est un argument qui réduit les plus éloquents à se taire. Il n'a plus à prêcher que des convertis.

Démosthènes était trop fier et trop sûr de lui pour faire invalider Eschine.

Cependant, à la rigueur, on pourrait classer Gambetta comme orateur. Mais comme général, où le mettre ? Ah! si la chose était moins triste, si les blessures de la France étaient fermées, quel sujet de comédie que cet avocat soldat échangeant sa toque et sa toge contre le casque et les épaulettes. Quel rire inextinguible à son apparition sur les planches !

Le vieux vaincu de Cannes, le boucher Varron, favori et consul de la plèbe romaine, se consolera désormais de sa honte : il a trouvé un émule. Que dis-je, un émule! Gambetta ne lui va pas à la cheville. Varron s'est battu comme un lion; s'il a manqué la mort, ce n'est pas faute de l'avoir cherchée dans les rangs d'Annibal. Il fut aussi bon soldat que mauvais général. On ne manquera pas de répondre que Gambetta a, du moins, ménagé notre sang et ne nous a coûté, après tout, que trois milliards et deux provinces. Cela est vrai, j'en conviens sans peine; il avait si bien disposé les troupes, que l'ennemi n'a eu qu'à étendre la main pour les prendre.

Les rares belliqueux de son bord disaient : le voilà général. Il est borgne comme Coclès, il en aura la vaillance.

Aujourd'hui que l'expérience a manqué, l'on dit : le voilà législateur. Il est borgne comme Lycurgue, vous verrez qu'il en a la sagesse.

Hélas ! pour notre malheur, il est encore pire législateur que général. Une défaite s'oublie : la France a tant de victoires qui l'en consolent; les milliards perdus se retrouvent; notre sol est si fertile et les Français si industrieux. Mais les mauvaises lois restent et ruinent un pays pour des siècles.

On ne réussit à rien sans apprentissage. Où a-t-il appris le gouvernement ? Là où il avait appris la guerre. Il ne sait ni l'un ni l'autre. Il n'était mûr pour aucune carrière utile et sérieuse quand il s'est fait dictateur. Sur quoi va-t-il établir sa république ? Il ne croit ni à Dieu ni à la liberté, et les hommes qu'il a connus n'ont pu lui enseigner que le mépris de l'homme. Or, pour fonder, il faut aimer; le mépris est une forme de l'égoïsme, et l'égoïsme est stérile.

Il lui manque ces vues élevées qui dominent les conséquences du haut de leurs principes. J'ai souvent admiré, dans les discussions importantes, son empressement, dès qu'il y prend part, à les réduire aux proportions mesquines d'une querelle de parti. Il peut prendre des mesures, trouver des expédients : il ne fera jamais une bonne loi.

Il n'a pas non plus cette ampleur de cœur qui embrasse toute la patrie, sans exception des partis hostiles, dans un même ardent amour. En France, il ne voit pas la nation, il voit la république. Parmi les Français, il voit les radicaux ; et parmi ces radicaux : lui.

Non, il n'a pas l'étoffe d'un fondateur, à peine d'un conspirateur, — mauvais état où il devrait primer, pour y avoir passé sa longue jeunesse, et où il tient encore un mauvais rang.

Nous avons tous dans la mémoire, depuis l'enfance, les noms des grands conspirateurs : Marius, Sylla, Cromwell, abominables scélérats. Les deux premiers, les vrais ancêtres de Robespierre et de Marat, ont versé le sang comme l'eau. Il y a pourtant de belles pages dans leur histoire. Avant d'asservir leur patrie, ils l'avaient sauvée plusieurs fois de l'ennemi. Et nous, que devons-nous à Gambetta, sinon des émeutes et des défaites! La reconnaissance exagérée de leurs concitoyens fut peut-être pour beaucoup dans leurs crimes. Les acclamations, les titres, les magistratures, les pompes triomphales mirent ces vainqueurs si fort au-dessus de la foule que la tête leur tourna.

Catilina lui-même, qui ne rachetait ses vices par aucune vertu, avait, au dire de son historien, une éloquence mâle, nerveuse, bien différente du verbiage que nous connaissons; et quand Cicéron l'eut démasqué et l'eut contraint de quitter les ténèbres pour lutter au grand jour, loin de déserter la lutte et de s'enfuir à Saint-Sébastien, après avoir mis le feu aux poudres, il courut à la guerre, se battit comme un lion et se fit tuer à la tête des siens. On le trouva sous un monceau d'ennemis tués de sa main, avec vingt blessures dans la poitrine, pas une dans le dos. Sa figure gardait encore dans la mort la fierté farouche qui l'animait pendant la vie.

Après tout, si Gambetta est faible en courage, c'est affaire à lui et aux Génois : Il n'est pas assez vieux Français pour engager notre réputation.

A qui donc le comparer ? Il est unique, sans être original.

Rappeler à son occasion les Lycurgue, les Solon, les Washington, serait une injure à ces vénérables fondateurs de République.

Quelqu'un l'a appelé Robespierre II ; je ne saurais trop dire pourquoi. On s'est laissé prendre à une ressemblance plus apparente que réelle entre les situations; car, quant aux hommes, quel rapport y a-t-il entre les joues pleines, le large embonpoint, le ton familier, bien relevé, dit-on, dans les palais et les équipages de fraîche date, — au scandale des pélerins de Bohême ! les naïfs, ils devaient s'y attendre : *honores mutant mores,* — mais, enfin, quel rapport y a-t-il entre le Gambetta que l'on sait, et le froid, le sobre, l'austère, le sec, le rèche Robespierre ! Aucun, ni dans les qualités, ni dans les défauts. Gambetta n'aime pas le sang : sa réserve à l'égard des Prussiens le prouve, et malgré ses déclamations contre les cléricaux, il lui suffit de les exclure ; il ne voudrait pas les occire. Il préfère l'argent, la bonne chère, le champagne et les cigares « exquis. » Robespierre, lui, fut sanguinaire, mais désintéressé. Les démagogues de son temps, émerveillés d'une vertu, rare apparemment parmi eux, l'appelaient le vertueux, l'incorruptible. Certains mémoires contemporains assurent, cependant, qu'il se dédommageait, par des plaisirs secrets, de son austérité de parade. Quoiqu'il en soit, la vertu et l'hypocrisie, sauf l'hypocrisie républicaine, sont trop peu profitables pour que Gambetta ambitionne jamais les titres de son faux aieul; et nul, d'ailleurs, n'a je crois, envie de crier: vive le vertueux et incorruptible Gambetta !

Je suis prêt à reconnaître que tout cela n'explique rien. Bien que, dans la démagogie, les renommées soient souvent d'origine mystérieuse comme la croissance des champignons, une situation comme celle de Gambetta, chef avoué de tous les républicains, président inévitable de 1880, ne peut venir du hasard. Pour mener ainsi de front les naïfs, les fins et les rétifs, il faut de la tête et de la main, il faut de l'habileté : Gambetta est donc habile.

Le premier secret de son habileté, c'est son aplomb; je ne dis pas son audace. Danton avait de l'audace, Gambetta a de l'aplomb. Il s'est mis à la tête des armées : on l'a cru général. Il est monté aux balcons et à la tribune : on l'a acclamé orateur. Il s'est enrichi dans la ruine de la France, il préside la commission du budget : le voilà financier. Eh ! pourquoi pas ? Garibaldi a bien passé héros.

Avec les naïfs, avec la foule, l'aplomb aidé d'un peu de mensonge lui a suffi. A ses promesses de paix, d'ordre et de liberté, ils ont applaudi et ne sont pas allés le lendemain l'entendre à Belleville, promettre la guerre civile, le pillage, l'écrasement des cléricaux

Comment s'y prend-il avec les habiles ? Je l'ignore. Car un politique tel que le président Grévy, un financier comme M. Léon Say, des hommes de talent comme MM. Dufaure et autres ne doivent pas traiter sérieusement la valeur que les simples lui attribuent.

Il joue sans doute au plus fin et ne se fie pas plus à eux qu'eux à lui; il compte, le moment venu, écarter ces redoutables complices, à moins, toutefois, qu'ils ne prennent courage à force de craindre et ne l'écartent les premiers.

Mais le miracle des miracles, c'est la docilité des intransigeants. Comment ces conspirateurs émérites gardent-ils le frein de Gambetta, en le rongeant, il est vrai. Ce n'est pas influence du mensonge : ils connaissent trop bien les détours du mensonge pour s'y laisser prendre. Encore moins raison ou patriotisme. C'est la peur, la peur, rien que la peur. Gambetta les mène à la verge, à la cravache, à l'éperon ; et ils obéissent, et ils obéiront. Au moindre signe de résistance, il tire son redoutable portefeuille et il menace de l'ouvrir. Aussitôt les plus cabrés s'assouplissent. Voyez Duportal, quelle leçon ! quelle chûte ! quel silence humilié après tant de bruit ! l'exemple a profité. Ceux qui refusent le joug, comme Rochefort, ont la conscience pure de toute signature. Jugez, par le petit nombre des rétifs, du grand nombre des compromis.

Cette habileté trop vantée se résume donc dans ces trois mots : aplomb, ruse, menace.

Je viens d'ébaucher le portrait de Gambetta : d'autres, plus habiles, lui auraient donné le coloris et la vie. Ils n'en auraient pas fait une grande figure. Ce n'est décidément pas le grand homme qui manque à la troisième République. Il ne sera pas notre Washington.

***

CONCLUSION

Eh ! pourquoi une conclusion ? Si j'ai suivi fidèlement le programme tracé dans la préface ; si la logique a dirigé mes déductions, la conclusion est forcée, et j'offenserais le lecteur en la tirant pour lui. Si, au contraire, je me suis égaré en route, si les principes manquaient de solidité et les applications de justesse, un *donc* ne ferait pas sortir la conséquence de prémisses où elle n'est pas. Mieux vaut laisser le public conclure à son gré. J'abandonne avec confiance à sa perspicacité un soin qui m'embarrasse — et qui pourrait me brouiller avec les puissants du jour.

TABLE

Paris. — Typ. MALVERGE et DUBOURG, rue du Cardinal-Lemoine, 41.